Zygmunt Bauman

液態之愛

LIQUID LOVE
On the Frailty of Human Bonds

齊格蒙・包曼——著

何定照、高瑟濡——譯

目次
Contents

導讀
液態之愛的流轉與凝固　　黃厚銘　　4

譯者導讀
刪除鍵症候群　　高瑟濡　　16

前言　20

I　出入愛戀　31

在每一份愛中,都至少有兩個存有,彼此對對方的情感天平都一無所知。這使得愛有如命運般難以捉摸——那奇異而神祕的未來,不可能預先知曉,無法預防或逃避,也無法加速前馳或一把抓握。去愛,意味著向命運開放——命運是最崇高的人類情狀,將恐懼與喜悅揉合為一,難以分離。從究竟的意義來說,向命運開放意味著讓自由存在:在他者——那愛戀的對象——身上體現自由。

II　出入社會性的工具箱　93

最令人害怕的恐懼來自於性行為的模稜兩可:它到底是一段關係的開始,抑或是高潮與終點?它是有意義的連續劇中的一幕,還是一齣單元劇?它是達成目標的手段,或是獨立自恃的行動?無論如何努力嘗試,任何身體上的結合都無法避開社會的框架,無法與社會存在的其他面向切斷所有關係。卸下先前社會地位與社會認可意義的性,封存了成為液態現代生活主要禍害的不確定性,令人倍感折磨與驚慌。

III 論愛鄰舍之難處　　159

如果別人重視我,那麼顯然「我裡面」一定有某些東西是只有我能提供給別人的,不是嗎?而且,顯然有這樣的人會願意接受這些東西,還會因此感激,不是嗎?我是重要的,而我所想、所說、所做的也是重要的。我不是無足輕重,可隨便被取代、被丟棄的。我不只對自己「造成影響」。我說的話、我是誰以及我所做的事都很重要——而且,這並非只是我個人的幻想。無論我周遭的世界如何,萬一我忽然不復存在或是離開,那世界就會缺少些什麼,不再那麼有趣及充滿希望。如果這就是讓我們成為自愛之正確、適當對象的原因,那麼「愛鄰舍如同自己」的要求所訴諸的,便是鄰舍的相同渴望。

IV 共處已然崩解　　229

這世界不單只因為由人類組成而有人性,它也不單只因為其中有人類的聲音而變得有人性,世界之所以有人性,只有在它已成為論述對象的時候⋯⋯只有在談論它的時候,我們才能把世界上與自己身上所發生的事情人性化,而在探討它的過程中,我們學習成為人類。希臘人把這種在友誼的交談中達到的人性稱為仁,「對人類的愛」,因為它在願意與他人分享的世界中展現自身。

導讀
液態之愛的流轉與凝固
―― 自由與安全的矛盾需求和修養社會學的態度

政治大學社會學系教授　黃厚銘

「濯足常流，舉足復入，已非前水。」
　　　　　　　　　　　　――赫拉克利圖斯（Heracleitus）

「一切堅固的事物都煙消雲散了，一切神聖的事物都被褻瀆了，人們終於不得不冷靜地面對他們生活的真實狀況和他們的相互關係。」
　　　　　　　　　　　　――馬克思（Marx）

　　1982年，伯曼（Berman, 1982）引述馬克思在〈共產黨宣言〉（The Communist Manifesto）裡的這一段話為題目，寫就了其討論現代性的名著《一切堅固的事物都煙消雲散了：現代性的經驗》（All That is Solid Melts into Air: The Experience of

Modernity)。他在書中開宗明義地指出,所謂的現代性,指的是今日全世界的人們都共享著一種對時空、人我以及生活中的各種可能性與風險的經驗。此外,不令人意外地,他還特別提到,在工業化的發展趨勢中,科學與技術的結合加速了我們的生活步調,而此一加速過程在創造新的人類環境的同時,也摧毀了既有的環境。這本書問世的十八年後,在當代英國的學術界,影響力與紀登斯(Giddens)相互輝映的包曼(Bauman, 2000)於世紀末提出了「液態現代性」(liquid modernity)的概念,隱晦地與前述馬克思、伯曼的論著對話。藉著固態(solid)和液態的對比,包曼指出我們現今所面對的現代性,已經和先前的現代性有所不同。簡言之,在先前的工業革命與資本主義體制時期,現代性是固態、堅固的,並且是以空間的占有為主,而如今我們已經步入第二階段的現代性——液態現代性。基於科技在速度上的進一步提升,尤其是交通運輸與傳播(溝通)媒介的發展,空間、地域的限制不再是形塑現代社會文化的關鍵因素,取而代之的是液態現代性對時間、速度與變化的強調。而在即時性的電子媒介切斷了運輸與溝通之間的緊密關係以後,尤其是現今無遠弗屆的網際網路、手機等資訊科技的普及,更凸顯出液態現代性的特色與此一概念的貼切。換言之,包曼(Bauman, 2000: 3)主張早期的現代性雖然摧毀了原有的堅固事物,也就是傳統社會賴以維繫的基礎,但也接

著樹立起屬於其自身的秩序與體制，亦即其自身的固態。而馬克思所謂的「一切堅固的事物都煙消雲散了」，要到液態現代性的來臨才徹底實現。身為「液態現代性」這個概念的原創者，包曼在退休後的近年來仍著述不輟，致力於用此一概念來分析現代人的處境，指出流動與變化已然成為現代人諸多生活層面的特質，而讀者手上這本《液態之愛》（Liquid Love），則是他在七十八歲高齡之時，將液態現代性的觀點延伸，用來理解現代人的愛情之作。

晚近的思想家，尤其是社會學家，不約而同地開始針對愛情著書論述，這包括了紀登斯（Giddens, 1992）的《親密關係的變革》（The Transformation of Intimacy）、魯曼（Luhmann, 1986）的《愛情作為激情》（Love as Passion）、貝克夫婦（Beck & Beck-Gernsheim, 1995）的《愛情的正常性混亂》（The Normal Chaos of Love），以及包曼（Bauman, 2003）的這本《液態之愛》。對我而言，這意味著長期以來過於雄性，偏重於鉅觀的（像是資本主義）、理性的（像是啟蒙）等社會現象的社會學，逐漸將注意力轉移到更微觀的、情感性的層面。但實際上，其中有很多學者，仍試圖以理性的思維，為現代人在愛情上所遭逢的困難，追本溯源地提出解釋。例如，紀登斯從歷史發展的角度回顧浪漫愛（romantic love）的興衰與前瞻匯流愛（confluent love）的成形，貝克夫婦描述了結構面的

資本主義體制，如何使得現代人的愛情與婚姻關係變得如此脆弱而難以維繫，乃至於魯曼更是企圖一以貫之地以系統「理論」套用在愛情的實作之上。但也因此，這些透過理性的、分析的濾鏡檢視下的愛情，總是讓人多少有搔不到癢處、格格不入的感覺，而這更凸顯了包曼這本書的特殊性。

實際上，作為一個社會學家，包曼雖然將現代人的愛情置於液態現代性的社會脈絡來加以理解，但也清楚明白地指出愛情是沒有道理可言的，為了強調這樣的性質，還刻意用了一個毫無理路、難以分析其結構的行文方式來寫就本書。這樣的寫作策略，類似於巴特（Barthes, 1978）在《戀人絮語》（A Lover's Discourse）中故意以武斷的字母順序來「組織」（或不組織）他對歌德（Goethe）《少年維特的煩惱》（The Sorrows of Young Werther）的分析與對愛情的討論。如果說在寫作策略與立論的基礎上，可以做出一個感性—理性的光譜，巴特與紀登斯等社會學家的作品，無疑是位於光譜的兩極，而包曼這本書，則比前述的其他社會學家更為接近巴特，但他的文字在喚起讀者情感上的共鳴以外，卻又能夠不僅止於像巴特一樣，從心理層面描繪戀人對愛情的渴望，或是其求之不得的痛苦，還進一步從液態現代性的愛情所蘊含的矛盾需求，去理解愛情的變動不居與現代人的愛情困局。

正如紀登斯所指出的，在現代社會中，婚姻逐漸失去其生

育、經濟與政治的功能,使得愛情越形重要,而成為婚姻的唯一正當理由。貝克夫婦也指出,愛情是現代人的新興宗教。人們追求愛情,事實上是企求在資本主義的冷酷現實中,營造一個只屬於兩個人的溫馨世界。無奈的是,愛情越來越重要,卻也越來越困難。不論是從紀登斯所謂的民主化,還是貝克夫婦所謂的個體化來看,愛情還是經常像朵多刺的玫瑰,既引人奮不顧身地投入,卻也往往惹人心傷。但包曼卻獨具慧眼地指出,愛情所帶來的痛苦不僅在於前述學者所著眼的失戀或離婚,還在於握太緊了會被刺傷、鬆開手卻又可能就此失去的兩難,正如戀人間的距離難以拿捏,關係太近了會讓人窒息,太遠了則又失去親密所帶來的安全感,只是包曼更強調的是,我們所擔心的不只是失去對方,還更怕失去自我、自由。簡言之,包曼認為內蘊於愛情的痛苦,並不在於求之不得或是失戀,而在於更為根本、也因而更難以解決的對自由與安全的矛盾需求。

包曼(Bauman, 1988)在《自由》(Freedom)一書中就曾碰觸到人們對自由與安全的兩大基本需求,以及其間的矛盾。而在《液態之愛》這本書中,他則是很快就提到安全與自由這兩個概念(本書,頁20-22)。這兩種需求在愛情中所導致的矛盾心理,用書裡的措詞來說,就是「既想束緊紐帶,又想讓它鬆脫」(本書,頁21),或是「怎樣維繫關係,還是怎樣——在

萬一時——平和分手且心安理得」(本書,頁26)。事實上,個人在幾年前的博士論文《虛擬社區中的身分認同與信任》(黃厚銘,2001)裡,就曾延伸知名的人文地理學者段義孚(Tuan, 1998)對空間與地方的區分,以自由和安全作為人類的兩大心理需求,藉此分析網友如何利用網際網路既隔離又連結的媒介特性,在虛擬社區中參與探索自我認同的遊戲,藉由空間開拓和地方營造,追求自由與安全的滿足。包曼雖未引述段義孚的著作,卻也顯示出英雄所見略同的巧合。足見自由與安全這兩大心理需求的重要性,及其在分析上的效力。此外,包曼也曾利用網路的概念來描繪液態現代性下的人們既想連結、又想隔離的態度在人際關係上的展現,並稱之為虛擬關係,他甚至也提及了網路戀情(本書,頁27-28)。在包曼的《液態之愛》中譯本出版後,想必又會啟發一些關於網路戀情的本土研究。

面對自由與安全的矛盾需求所佈下的困境,人們總是希望有個人生導師來告訴自己要如何拿捏兩者之間的取捨與平衡,而這也是諸如諮商會如此盛行的原因(本書,頁23-24)。然而,在理性摧毀了宗教權威以後,人們已很難接受唐君毅(唐君毅,1987)在《愛情之福音》這本書中,處處訴諸神的旨意來為愛情提供道德基礎的論點。乃至於,習俗、道德、規範等價值的重要性,對現代人而言也隨之不再如此至高無上。相形之下,在自由與安全難以兩全的權衡取捨底下,其實是蘊含了

一個魚與熊掌皆想得兼、什麼都想要的自我。用貝克夫婦的話來說，這就是「個體化」，但他們所定義的「個體化」概念卻偏重於自由的面向，而無以同時表達人們對關係、也就是對一定程度的連結與安全的需求。至於個體化在政治、經濟制度上的表現，就是紀登斯所說的民主化或是自由主義。無論如何，擺脫了外在的權威以後，一切都只能由自己做決定，也只能自己承擔後果，旁人是代勞不了的。乃至於，一旦做了決定以後，在需要合理化自己的行為時，人們還更常說，別人不瞭解我們。

在愛情中，自由與安全固然難以取捨，包曼卻也認為液態現代性的人們已經寧可要靈活的連結，而不要有負擔的關係。尤其置身於現今的消費社會——也是液態現代性的一環——我們早已習慣速食、用過即丟、時尚換季等等，並視之為理所當然，也就更不願為愛情而堅持。甚至經驗豐富的我們還反過頭來宣稱自己是在這一段段的戀曲中學習如何愛人。但包曼卻潑了世人一盆冷水。對他來說，愛情是無法學習的，因為每一段愛情的歷程、每一次遇到的對象，都是這麼的不同、個殊，以致每一段愛情都是相互獨立的事件。包曼甚至將之描述成是無法複製、重來的一次性事件，並以之比擬於死亡的「經驗」。而學習，恰恰只適用於可重複、重來的事件。也因此他認為，現代人以學習的態度來面對愛情，反而會永遠不知道愛是什

麼。因為愛情本身就預設了至死不渝的態度（想想，這態度不就是愛情的偉大、感人之處嗎？），是唯一的、非如此不可的態度，而不可能是學學看、試試看，隨時可以結算走人的速食關係。想必「試婚」一詞，對於包曼來說，一定是個自相矛盾的詞語。因此，相對於我們經常以抽象卻也浮濫的「個性不合」當作分手的藉口或解釋，包曼卻主張，愛情不是找一個合適的人，而是努力使兩人相互合適。愛上了很容易，困難的是關係的維繫與經營。簡言之，愛是預設了承諾、是需要經營的。愛情，是需要下決心的。而這個決心的內涵是願意不計代價為了兩個人的關係、共有的未來而努力，更重要的是，這代價也包括了放下自我。無奈的是，這對於擁有太多自我的現代人，或是置身於液態現代性的我們，是何其困難的決定。也正因為如此，現代人的愛情才呈現出液態、流動，不斷地重新開始、結束、再開始，而難有穩定而成為固態的一天。

我的老師葉啟政教授近年來提出了修養社會學的概念，並曾經在為貝克夫婦的《愛情的正常性混亂》中譯本所寫的序中，以馬克佛森（Macpherson, 1989）的持具個人主義（possessive individualism）來總結西方文化長期以來所開展出之個人主義的內涵，並提出犧牲、慈悲等概念作為對照，提供我們尋找出路的參考（葉啟政，2000）。對我來說，修養並不等於道德，而是一種態度。是一種放下自我、開放自我的態度，因

而是對立於處處堅持自我、乃至於要堅持占為己有的持具個人主義。所謂「他人即地獄」，在液態之愛當中，一旦熱戀期結束，我們開始為失去自由而感到痛苦、猶豫，彷彿對方變成了自己的地獄。然而，換個角度來看，處處想占有對方以確保安全的自己，又何嘗不是對方的地獄呢？以致於錢鍾書提到，在法國人的眼中，婚姻就像是圍城一樣，城內的人想逃出來，城外的人卻想衝進去。無論如何，不管是放下自我，還是堅持自我，其實都與道德無涉，而與修養有關。隨之，修養社會學也並非道德社會學，更不是在鼓吹道德重整。而是認為，相對於要先有自我才能夠愛人的說法，從現代人在愛情中既要安全、也要自由的兩難來看，其實現代人已經擁有太多的自我。如今則是該學著放下自我的時候了。想想，在家人之間或是父母親對子女那種無怨無悔的付出與包容，不就是讓我們既覺得溫暖、安全，又能夠保有自由與自我嗎？我也從一位朋友那裡得知，他父親提醒他母親說，我們必須放下自己，跟著子女走，否則就會失去他們。在適當的時候要學著放下自己，親情如此，在愛情中，又何嘗不是呢？極其弔詭地，放下自我反而更可能得到一切，而修養、放下自我的態度也因而有助於跳脫既要自由也要安全的兩難，讓液態之愛不再如此流轉。

參考書目

Barthes, Roland

1978 *A Lover's Discourse: Fragments*. Translated by Richard Howard. New York: Hill and Wang.

Bauman, Zygmunt

1988 *Freedom*. Milton Keynes, London: Open University Press.

2000 *Liquid Modernity*. Cambridge: Polity Press.

2003 *Liquid Love: On the Frailty of Human Bonds*. Cambridge: Polity Press.

Beck, Ulrich & Elisabeth Beck-Gernsheim

1995 *The Normal Chaos of Love*. Translated by Mark Ritter and Jane Wiebel. Cambridge: Polity Press.

Berman, Marshall

1982 *All That is Solid Melts into Air: The Experience of Modernity*. New York: Penguin Books.

Giddens, Anthony
1992 *The Transformation of Intimacy: Sexuality, Love, and Eroticism in Modern Societies.* Cambridge: Polity Press.

Luhmann, Niklas
1986 *Love as Passion: The Codification of Intimacy.* Translated by Jeremy Gaines and Doris L. Jones. Cambridge: Polity Press.

Macpherson, C. B.
1989 *The Political Theory of Possessive Individualism: Hobbes to Locke.* Oxford: Oxford University Press.

Tuan, Yi-Fu（段義孚）
1977 *Space and Place: The Perspective of Experience.* London: Edward Arnold.

唐君毅（克爾羅斯基〔Killosky〕，據傳為唐君毅託名）
1987 《愛情之福音》。克爾羅斯基著。台北：正中書局。

黃厚銘
2001 《虛擬社區中的身分認同與信任》。國立台灣大學社

會學研究所博士論文。

葉啟政

  2000 〈愛情、婚姻、家庭的生命圖像〉，收錄於《愛情的正常性混亂》。貝克與貝克—葛恩胥菡著，蘇峰山、魏書娥、陳雅馨譯。台北：立緒出版社。頁 3-15。

譯者導讀
刪除鍵症候群

臺灣大學外文系副教授　高瑟濡

　　1990 年從英國里茲大學（University of Leeds）社會學系退休之波蘭裔英國籍的包曼教授現年八十二歲，他不僅在退休前即已頗負盛名，退休後豐沛的著作成果更是令人敬佩，不但幾乎年年都有新作出版，而且幾乎本本都扮演先鋒角色，現今的他早已聞名國際，被譽為歐洲最有影響力的社會學家之一。他的夫人雅妮娜（Janina）曾說過，自己閱讀包曼著作的速度趕不上其寫作的速度，[1]而我雖在兩個月裡完成了第二章到第四章的譯稿，歷經了語義上字字斟酌、句句思量的階段，卻深知書中所呈現對液態現代社會的思考，尚有許多值得細細咀嚼的地方，因此利用商周出版編輯李尚遠先生邀請我撰寫譯者導讀的機會，嘗試以較宏觀的角度重新凝視這本著作。

　　在第一章的開頭，包曼引用波特萊爾（Charles Bau-

1　Madeleine Bunting, "Passion and Pessimism", *The Guardian*, April 5, 2003.

delaire）的文字，來介紹本書四散碎片式的結構：「我在冥想中切割，您在文稿中切割，讀者在閱讀中切割；因為我不願讓讀者無止盡地繫在一條不必要的情節線，讀得意志疲軟。（……）把它砍成許多片段，您會發現每片都能自成一體。」包曼所選擇的這種書寫模式，一方面如他自己暗示的，與他向來不靠攏方法論的脾性相投，另一方面也與本書研究之液態現代社會的網路連線有異曲同工之妙。這是一種能讓讀者隨時「連線」、「斷線」的書寫模式，正好適合液態現代社會裡，追求有點黏又不會太黏之關係的讀者。

然而細心的讀者會發現，本書從第一章的愛出發，延伸到第二章的性、婚姻、家庭（族）與人際關係，接著擴展到第三章的社區與城市，最後總結於第四章的國家與世界，而貫穿四章節的是網路與河流的意象。網路具有能隨時「連線」與「斷線」的功能，河流則總是暫時性地攜帶、時時丟棄不再負載得動的物品，當社會像網路或河流一樣時，任何層次之人與人的關係，從伴侶、家庭（族）、社群，到社區、城市，乃至於國家、世界，強調與讚揚的就是可攜性與可丟棄性並重。網路交友的使用者有無盡的選擇，也能藉由刪除鍵結束一段段虛擬關係；伴侶與夫妻的關係快速建立、輕易解體；社區及城市藉由不同方式刪除低下階級的存在，將之驅逐到城市的邊緣，全球的菁英分子則建立起跨版圖聯繫的新關係；富有的國家正積極

想盡辦法對抗外來移民與難民，似乎恨不得也能有個刪除鍵可以依靠。

身為波蘭猶太人，包曼四十七歲以前兩度被放逐的經驗，在其研究與著作上留下長長的影子，即命名為《液態之愛》的本書也不例外。在二次大戰期間，他逃到蘇聯，加入紅軍（Red Army），成為共產黨員；1968年則因為任職所在之華沙大學（University of Warsaw）的反猶太清除運動（anti-Semitic purge），而被迫逃到以色列，最後因為無法認同以色列與當時波蘭相似的國族主義而離開，和許多其他猶太知識份子一樣選擇定居英國。他在第三章對納粹大屠殺的省思，以及第四章裡對各國移民與難民政策的批評，大抵從受害者的角度出發，強調人性與道德倫理的要求，試圖喚醒讀者的人道關懷精神，雖然沒有介入個人的情感與經驗，語氣上卻顯然比前兩章要沉重許多。

根據《衛報》（The Guardian）的邦廷（Madeleine Bunting）引述，包曼在《現代性與大屠殺》（Modernity and the Holocaust）中，認為現代性的科技與科層政治，使得大屠殺有發生的可能：現代性產生了複雜科層政治這個預期外的結果，並創造了使道德責任消失的條件，因而許多安分守己、善良的老百姓，才會在大屠殺中變成殘害他人的怪物。[2] 思及本書中的

2　同上。

液態現代社會，該是網路科技與消費主義，使得人們渴望在各種層次之人與人的關係裡，能即時連線與斷線，能任意刪除不受歡迎的名單，才會使得各種人類廢棄物不斷累積。

然而液態現代社會的救贖之路，似乎也能從大屠殺中得到啟發。根據包曼，一些社會學家的研究發現，那些當時幫助受害者的英雄，有著非常歧異的教育、宗教信仰與政治歸屬背景，證明能英勇抗拒罪惡的能力，與社會的薰陶沒有必然的關係。[3]我想這也是包曼在第三章所提之「生命的主權表現」（sovereign expression of life），一種在我們面臨道德抉擇的時候，能「激勵、影響、原則上甚至控制」我們所做之善惡選擇的力量。對於閱讀此書的全球菁英份子而言，包曼的期許應該是希望他們在與全球菁英社群接軌的同時，不要因為某些族群被刪除的命運彷彿就在他們的彈指之間，而任由倫理道德責任像大屠殺時一樣消失。

---

[3] 同上。

前言

穆齊爾（Robert Musil）[譯1]偉大小說的主角烏爾利希（Ulrich），就像書名一樣，是個「沒有個性的人」（Der Mann ohne Eigenschaften）。由於他沒有自己的個性，那種先天遺傳或後天養成的永久且根深柢固的個性，烏爾利希必須運用自己的機靈和敏銳，努力構成他想要有的個性；然而，在充滿混亂訊息、變幻莫測而迅速的世界，這些個性沒一個能保證長久。

我這本書的主角，則是「沒有紐帶（bond）的人」（Der Mann ohne Verwandtschaften），特別是沒有像烏爾利希時代的親屬紐帶那樣固定的紐帶。由於缺少永不破裂且永遠黏附的紐帶，本書的主角——我們這液態現代社會的居民——以及今日的承續者，必須藉由自己的技巧和奉獻，努力繫起他們想當作連結，好用來參與其他人類世界的紐帶。鬆開的，他們必須連

譯1　穆齊爾（1880-1942），奧國小說家，在奧國與詩人里爾克（Rainer Maria Rilke）等齊名，最著名的作品即《沒有個性的人》，雖未完成，仍被許多西方評論者認為與《追憶似水年華》（À la recherche du temps perdu）、《尤里西斯》（Ulysses）等同列二十世紀巨構。中譯可見張榮昌譯本（北京：作家出版社，2000）。

接⋯⋯然而，這些用來填補缺席或腐壞紐帶空洞的連結，都不永保延續。畢竟他們只需要被鬆鬆地綁著，好在狀況改變時再次解開束縛，幾無遲延——在液態現代性[譯2]中，他們必將如此重複。

人類紐帶中那詭異的脆弱性，此脆弱性引發的不安全感，以及被這種不安全感促使的相衝突的欲望——既想束緊紐帶，又想讓它鬆脫——是本書想釐清、記錄並捕捉的。

我沒有穆齊爾的敏銳觀點、豐富色調與精微筆觸——事實上，所有他讓《沒有個性的人》成為現代人精確肖像的絕妙才能，我都沒有——我能做的僅是速寫一本粗糙且片段的素描集，而非追求完整（更別說精確）的相似性。我至多能期待的，只是一種身分套件，一張像填充題那樣可能包含許多缺口和空格的組合圖。即使如此，那最後的組合圖，都甚至會是個

譯2　包曼在《後現代性及其缺憾》（*Postmodernity and its Discontents*, New York: New York University Press, 1997）中反思後現代性之後；認為現代性與後現代性的分析策略無法繼續理解全球化的諸多現象。而「後現代性」也常遭人誤解為對「現代性」的終結或摒棄，乃提出「液態現代性」的概念，強調現代性的連續性，指出歷史正處於「連續性與非連續性的進程」。詳見《液態現代性》（*Liquid Modernity*, Cambridge: Polity Press, 2000）。中譯可見歐陽景根譯本（上海：三聯書店，2002）。（編按：繁中譯本可見陳雅馨譯本，商周出版，2018。）相關討論也可參見《與包曼對話》（*Conversations with Zygmunt Bauman*, Cambridge: Polity Press, 2001）。中譯可見楊淑嬌譯（台北：巨流，2003）。

未結束的任務,留待讀者完成。

本書的第一主角是人類關係。核心角色則是男人和女人,和我們同時代的這些人,他們因為一切都得靠自己小聰明、覺得可被輕易丟棄而絕望不已,渴望共處(togetherness)帶來的安全感,祈願遇到難關時能有援手依賴,並且切盼「關連」(relate);然而,他們又對「處於關連」的狀態戒慎不已,特別是「永久」關連(更別說是永恆),他們害怕這種狀態會帶來負擔,造成他們既不自覺能夠也不想去承受的壓力,還可能嚴重限制他們需要的自由——是的,你猜對了——去關連的自由⋯⋯

在我們這「個體化」盛行的世界,關係是種好壞混雜的恩賜。它們擺盪於美夢和惡夢間,難以預測何時會變到另一邊。多數時候,這兩端同時並存——雖然是在不同的意識層次。在液態現代生活的環境中,關係可能是矛盾性最普遍、尖銳、深刻且令人困擾的體現。我們會說,這就是為什麼它們穩居液態現代「注定的個體」(individual-by-decree)之關注核心,也是他們首要的生活課題。

雖然「關係」的危險性惡名昭彰,它仍是現今最熱門的話題,也顯然是唯一值得玩的遊戲。有些習於以問卷統計和統計紀錄所歸納的常識性信念來構成理論的社會學家,急著結論當世之人都熱望友誼、紐帶、共處、社群。然而,事實上(就像

遵循海德格〔Martin Heidegger〕的法則：物只有透過它們所造成的挫折，像崩散、消失、逸軌或背離本性，才顯現於意識中），人類今日所關注的，傾向集中在關係被期待帶來的滿足，而這只因為關係始終未能讓他們感到完全且真正的滿足；而若關係確實滿足了他們，所需付的代價又往往太大而不可接受。米勒（John Miller）和多拉德（Neal Elgar Dollard）譯3 在他們著名的實驗中，觀察到白老鼠在「阻力與引力相當」時，即電擊威脅和美食許諾巧妙平衡時，興奮和不安的程度都達至巔峰……

難怪「關係」是今日「諮商潮」的主要刺激之一。關係的複雜性太稠密且頑固，個人難以靠自己就解開或釐清。米勒和多拉德的白老鼠的不安躁動，往往崩解成行動癱瘓。無能在吸引與嫌惡間、希望與恐懼間做選擇，最後就會變成一種行動無能。人類不像白老鼠，他們發現自己處於這種狀況中，會付費向提供服務的諮商專家求助。他們希望從諮商專家聽到的，是怎樣化圓為方，達成不可能的任務：怎樣既吃掉蛋糕又保有它，只汲取關係中的甜美歡愉，略過苦澀難嚥之處；怎樣藉由關係自我賦權而不失權，更有能力而非失能，去實現而無負擔……

譯3　著名心理學家，創立社會學習理論。

這些諮商專家很樂意給予，相信諮商的需求將永無止息，因為再怎麼諮商，也無法達成不可能的任務……他們的諮商無所不在，雖然他們所做的不過是將一般的實踐提高為大眾知識的層次，再轉變成學術權威理論的層次。滿懷感激的接受忠告者，瀏覽通俗月刊、週刊還有正經或八卦報週末版上的「關係」專欄，來聽他們一直想從「內行人」那裡聽到，因為他們怯於或羞於用自己的名字發話；來窺視「其他像他們的人」在幹啥做啥，並擷取一切他們從專家背書的知識中可以獲得的慰藉，證明寂寞地努力對抗困境的，並非只有他們。

因此，從其他讀者那被諮商專家一再回收利用的經驗裡，讀者學到他們可能該嘗試「頂袋關係」（top-pocket relationship），一種他們「需要時掏出來」、用完就深深塞回袋底的關係。或者，關係也像利賓納（Ribena）濃縮果汁[譯4]：直接喝，既噁心也可能有害人體健康；關係該像利賓納，得稀釋了再喝。又或者，他們該效法「半黏伴侶」（semi-detached couple），這些人可是專家讚譽有加的「關係革命者，戳破了令人窒息的伴侶幻想」。又或者關係像車子，應該定期驗車，確保上路無礙。總之，他們學到的是，承諾乃是努力「關連」時最

譯4　英國著名濃縮果汁品牌。

該避免的危險陷阱,特別是長期承諾。有位諮商專家[譯5]告訴讀者:「當你許下承諾,不管那再怎麼漫不經心,記住,你都很可能正在把其他也許更讓你滿意、更如願以償的羅曼史機會關在門外。」另一位專家[譯6]說的更直率:「就長期來說,許下承諾毫無意義……承諾就像任何一種投資,都有漲跌起伏。」因此,若你想要「關連」,切記保持距離;若你想從共處中尋求滿足,不要許下或要求承諾。任何時候都別把門關死。

卡爾維諾(Italo Calvino)《看不見的城市》(Invisible Cities)中有個李奧尼亞城,那裡的居民如果被問起來,會說他們的熱情是在「享受新奇且不同的物品」[譯7]。確實——每天早晨他們「穿上全新的衣裳,從最時新的冰箱裡拿出未開的罐頭,收聽最先進的收音機播放最新樂曲」。但每天早晨「李奧尼亞的昨日殘餘已經裝入潔淨的塑膠袋」,人們也不免懷疑李奧尼亞居民的真正熱情,是否其實是「驅散、拋棄、清掃自身不斷重現的不潔時的歡樂」。否則為什麼清道夫會像「天使一樣受到歡迎」,而且他們的任務被「靜默的尊敬圍繞」,因此,可理解的是——「一旦東西被丟棄,就沒有人要再去想它

譯5 即第一章提及的報紙專欄作家賈薇(Catherine Jarvie)所引用的諮商心理學家拉蒙特博士(Dr Valerie Lamont)。
譯6 即第一章提及的報紙專欄作家伯吉絲(Adrienne Burgess)。
譯7 此處中譯採王志弘譯本(台北:時報,1993),見頁143至144。

了」。

讓我們想想……

我們這液態現代世界的居民,不正像李奧尼亞的居民一樣,嘴巴說這個,心裡想那個?他們說自己的願望、熱情、目標或夢想是「關連」,但事實上,他們不是更在意怎樣防止關連穩固?他們真的像他們說的那樣,是在追求可以長久的關係,還是其實更渴望那些輕鬆沒負擔的關係,就像貝克斯特(Richard Baxter)牧師[譯8]對財富的看法那樣,應該「像件輕便的斗蓬披在肩上」,可以「隨時拋到一邊」?到底哪種忠告是他們心裡真正想要的:是怎樣維繫關係,還是怎樣——在萬一時——平和分手且心安理得?要回答這樣的問題並不簡單,然而這些問題需要被提出,也會一再出現,因為這個液態現代世界的居民,會因為他們天天面對的許多矛盾任務中最矛盾的千斤重擔,繼續痛苦不已。

也許正是「關係」這個概念,增加了這種困惑。不管不幸的關係尋覓者及其諮商者再怎麼努力嘗試,關係就是無法完全且真正地擺脫那些引人焦慮煩惱的聯想。它始終伴隨著模糊的威脅與陰鬱的預感;它使共處的喜悅與隔絕的恐懼並存。也許

譯8　貝克斯特(1615-1691)十七世紀著名英國清教徒教會領袖、神學家在紛爭不斷的各教派中尋求統一,普受敬仰。

這就是為什麼人們（經博學的顧問協助與慫恿）會更常用連繫（connection）、「上線」和「在線上」等詞語，而非「關連」和「關係」，來述說自己的經驗與期待。比起談伴侶，他們寧可談「網路」（network）。「連線」的語言，究竟有什麼「關係」的語言所沒有的優點呢？

「網路」不像「關係」、「親屬」、「伴侶」及其他類似的觀念，它們都強調相互投入，同時也意味排除或忽略了投入的對立面——疏離；「網路」代表的則是連線與離線並存的源體（matrix），沒有這兩種同時可行的活動，網路就難以想像。在網路上，連線、離線這兩種選擇都一樣正當，享有同等的位階，也具有同樣的重要性。要問這兩種互補的活動，哪一種才是網路的「本質」，是沒有道理的！「網路」顯示，「連繫」時刻不過是漫遊時間中的小小點綴。在網路上，人們只有在需要時才連線，不需要了就離線。當關係「不想要，又斷不了」，正是讓「關連」感覺起來靠不住的可能主因。無論如何，「不想要的連繫」本身是種矛盾修辭：連線可以，但要在開始生厭前斷線。

連線是種「虛擬關係」。不像那種老掉牙的關係（甭提「承諾」關係，長期承諾就更別說），虛擬關係似乎是為液態現代生活的環境量身打造，這種環境預期且盼望「浪漫史的可能」（而不只是「浪漫的」人）會以更快的速度在永無止盡的

群眾中來來去去，彼此一哄而散下台一鞠躬，相互大聲許諾「要幸福喔」。不像「真實關係」，「虛擬關係」進出都毫不費力。跟笨重的、進展緩慢的、死氣沉沉又麻煩棘手的「真實關係」比起來，虛擬關係顯得靈敏俐落、好用又容易上手。一位二十八歲的巴斯（Bath）男子，在網路約會人口遽增打擊到單身酒吧和寂寞芳心交友欄的訪問中，指出電子關係的一個關鍵優勢：「你永遠可以按『刪除』鍵。」

有如劣幣驅逐良幣法則（Gresham's law）[譯9]所言，虛擬關係（「連繫」的另一稱呼）也驅逐所有其他關係。這並沒有使臣服於壓力的世間男女快樂，甚至不比還在「前虛擬關係」時快樂。有得必有失。

正如愛默生（Ralph Waldo Emerson）指出的，在薄冰上溜冰，你得靠速度拯救自己。當你不滿意品質，你會靠量來平衡。如果關係不再值得信任，看來也很難長久，「承諾再也沒意義」，你很可能會拿伴侶關係去換來網路關係。然而，一旦你這麼做，定下來就會比以前更難（也更令人倒胃）——你失去了如何定下來的技能。永遠前進曾是種特權與成就，現在成了必須；繼續加速曾是種刺激驚喜的冒險，如今成了讓人精疲

[譯9] 由十五世紀英國格雷欣爵士（Sir Thomas Gresham）提出，故以其名命名。

力盡的例行工作。更重要地,不確定性與困惑仍然讓人傷透腦筋,並未如預期地因速度被拋離。保持疏離和依需求斷線的便利,並未減輕風險;那只是用不同的方式,分散風險及其湧出的焦慮。

這本書獻給活在我們這液態現代世界中——不論是共同生活或分開生活——所會有的風險與焦慮。

I
出入愛戀

「我親愛的朋友,我現在給您寄去一件小作,可能會有人說它沒頭沒尾,但這是不公平的;因為,恰恰相反,這件作品裡的所有篇章都既是頭也是尾,而且每篇都互為首尾。請想想,這樣的組合會為我們——您、我及讀者——提供多驚人的便利!我們可以自由地切割它——我在冥想中切割,你在文稿中切割,讀者在閱讀中切割;因為我不願讓讀者無止盡地繫在一條不必要的情節線,讀得意志疲軟。抽掉那一節椎骨,這支曲曲折折的幻想曲,兩半將毫不費力地連接起來。把它砍成許多片段,您會發現每片都能自成一體。我很希望這樣的舒展片段,會有一些讓您喜歡、滿意,乃敢把這整條蛇獻給您。」[譯1]

波特萊爾(Charles Baudelaire)這樣介紹《巴黎的憂鬱》(Le spleen de Paris)給他的讀者。真遺憾他已這麼寫。要是他沒有,我會希望用同樣或類似的前言[譯2]來說明下文。但是他寫

譯1 波特萊爾在此把《巴黎的憂鬱》一書比喻為「一條蛇」(波特萊爾喜愛用的意象),讀者不妨用蛇的意象來理解這篇引文的諸多隱喻。此處中譯參酌亞丁譯本(台北:遠流,2006)。
譯2 包曼在此用的是 preamble 一詞,應有指涉 pre(前)-amble(散步)之意,以引人聯想波特萊爾筆下首次出現、班雅明後來大加闡釋的「漫遊者」(flâneur)一詞。

了——所以我**只有**引述的份。當然,班雅明(Walter Benjamin)會把前句中的「只有」一詞槓掉。[譯3]再重新想想,我也該這麼做。

「把它砍成許多片段,您會發現每片都能自成一體。」這些湧自波特萊爾筆下的片段確實如此;至於下文這些四散的思考碎片是否亦然——決定權在讀者,而不是我。

思想的家族有很多侏儒。這就是邏輯和方法被創造的緣故,而且思考者一旦發現這些邏輯和方法,就會滿懷感激地擁抱接受。這些侏儒也許會隱藏自己,而且最後會在行進的戰鬥隊伍的巨大榮光裡,壓根忘記自己有多小。軍隊一旦成形,誰會注意士兵有多小?用戰鬥隊形整軍好一列列矮人,你就能組一支看起來氣勢浩大的軍隊⋯⋯

也許,如果只為了取悅方法論上癮者,我應該用同樣的方式處理這些碎裂的片段。但既然我沒有足夠的多餘時間來最後整頓,要先想好隊形以備之後召集,實在有點蠢⋯⋯

譯3 班雅明這位馬克思主義文學理論家,認為創作者應與無產階級並肩作戰,因此不獨尊神祕獨一的藝術「靈光」(aura)時刻,而是讚賞在機械複製的年代中,藝術不再以儀式性為基礎,而是以另一種實踐的政治學為基礎。例如人們可從攝影底片一再加洗照片,讓所謂「純正性」(authenticity)變得毫無意義;電影可讓群眾同時觀看、震撼,讓個人經驗轉化為集體經驗。從班雅明的這般思考角度,包曼乃調侃自己的「只有」一詞會被槓掉。班雅明對此說法的相關文章,中譯可參見許綺玲譯之《迎向靈光消逝的年代》(台北:台灣攝影工作室,1998)。

重新想想：也許我可用的時間似乎太短，不是因為我太老，[譯4]而是因為你越老就越知道：不管你的思想看來似乎多偉大，它們都絕不會大到可擁抱人類經驗的廣大無邊，更別說是掌握了。對愛或拒絕、對獨自死活或有人作伴，我們所知道的、想知道的、努力去知道的、必須試著知道的，都能夠被組織整頓，符合一致性、凝聚性、完整性這些為有限素材設定的標準嗎？也許可以──在無盡的時間裡。

　　這豈不是說盡了人生最重要的素材，最重要的事卻仍然沒說？

譯4　包曼生於 1925 年，在 2003 年寫下這本書時，已七十八歲。

愛與死,這個故事的兩大主角,眼見故事既沒情節也沒結局,只是濃縮了生命大多數的聲音與憤怒,也同意這樣的沉思╱寫作╱閱讀方式勝過其他。

作家克里瑪(Ivan Klima)[譯5]說:沒有什麼比實現的愛更接近死亡。這兩者每一次出現,都既是唯一也是永遠,不容重複,不由分說,不許遲延。它們都必須「獨立」而行,也確實如此。它們都是首次誕生或是再生,而不論它們何時現身,都萌於烏有之鄉,源於沒有過去未來的空無黑暗。它們每一次都從零開始,暴露出過往情節之多餘,以及其後情節之空幻。

你不可能踏入愛與死兩次;甚至比赫拉克利圖斯(Heraclitus)的河流更不可能。[譯6]確實,愛與死自為首尾,輕蔑且忽視其他一切。

譯5　克里瑪(1931-),捷克著名作家,堪為繼昆德拉(Milan Kundera)之後最被英語世界重視的聲音。中譯本有《我快樂的早晨》(*Má veselá jitra*)(台北:時報,2002)。

譯6　赫拉克利圖斯(540-480 B.C.),希臘哲人,名言有「濯足常流,舉足復入,已非前水」,表面是說河水是流動的,第二次踏入的河流已非原先踏入的河流,寓意則是一切皆變動不居。

人類學家馬凌諾斯基（Bronislaw Malinowski）[譯7]，向來嘲弄傳播學派（diffusionism）[譯8]把博物館收藏都誤解成族譜；他們只要看見玻璃櫃裡有較粗糙的打鐵石和較精緻的打鐵石，就說這是「工具史」。馬凌諾斯基挪揄道，這就像說一把石斧造就了另一把石斧，正如從長期來看，三趾馬（hipparion）生出了現代馬（equus caballus）。馬的起源可以溯源到其他馬，但工具說不上是其他工具的祖先或子孫。工具不像馬，它們沒有自己的歷史。也許可以說，工具是人類個體傳記和集體歷史的標記；它們是這類傳記和歷史的流露或沉澱。

愛與死也可用同樣的方式描述。親屬關係（kinship）、姻親（affinity）、偶然連結，都是人類自我與／或共處（togetherness）的表徵。愛與死沒有它們自己的歷史。它們是人類生活上的事件——每個都是單一事件，除非人類刻意回顧，汲汲於找出（或說創造）其間關連，以理解那無法理解的事，否則它們不與其他「類似」事件相關（更別說有**因果**相關）。

所以你不可能學習愛；也不可能學習死。你也不可能學習

譯7　馬凌諾斯基（1884-1942），波蘭裔英國社會人類學大師，首創以透過參與觀察法寫成的民族誌而非主觀論述，作為人類學研究的基礎，有「民族誌之父」之稱。

譯8　傳播學派將一切文化的相似性，歸因於文化要素的傳播，認為所有文化都從一個點開始改變；馬凌諾斯基則反對此一過分簡單的推測。

逃脫術（儘管你殷切熱望，它卻並不存在）——避免被愛與死攫住並敬而遠之的藝術。愛與死會擊中你，依它們的時刻到來；只是你不知道那是何時。不管它何時到來，你都無法察覺。愛與死誕生於無（ab nihilo）[譯9]，潛入你日常心念所繫。當然，我們多半會竭盡所能地扮事後諸葛；我們會試著追溯前因，展開「以時間先後為因果」這種過分簡單的原則推斷，企圖勾畫出讓事件「合理」的脈絡，而且也往往會成功。我們需要這類成功，因為它會讓我們的心靈得到安慰：讓我們對世界的規律性、事件的可預測性重新充滿信心，就算方式迂迴。它也會喚出一種（經由學習）得到智慧的幻覺，這裡最重要的就是，這是一種可學習的智慧，就像人們能學著運用**彌爾**（J. S. Mill）[譯10]的歸納法、學開車、學用筷子而非叉子用餐，或是學著給面試者好印象。

至於死亡，眾所皆知，我們只可能從他人的經驗來學習，因此，死亡是一種「極端／最後一刻」（in extremis）的幻覺。他人的經驗無法真的作為「經驗」來學習；在從對象學習的最

譯9　拉丁文，包曼原文所加的英文解釋是 out of nothingness，此較接近於 ex nihilo 之意，即（神從）無創造有。

譯10　十九世紀英國經濟學家、哲學家，一般皆認為十六世紀英國哲學家培根（Francis Bacon）所創的歸納法，在他手上集大成。但後代哲學家如胡塞爾（Edmund Husserl），認為歸納法只宜用來研究自然科學。

終成果裡，原初的體驗（Erlebnis）[譯11]與主體想像力的創造永遠無法分離。他人的經驗可以被瞭解的唯一方式，是把它當作處理過的、詮釋過的他人經歷構成的故事。或許有些貓真的像卡通《湯姆與傑米》（*Tom & Jerry*）裡的貓那樣有九條或更多條命，也或許有些皈依的教徒相信重生──然而，事實依舊是死如同生，都只會發生一次；人們不可能從一件永無下次的事，學習「下次我要做得更好」。

譯11　德文，比較強調精神體驗，而非像英文 experience 那樣常限於感官經驗。

與其他單一事件相比,愛似乎擁有不同的位階。

確實,人們可以不止一次墜入愛河,有些人還會誇耀或抱怨戀愛、失戀老是太容易發生在自己身上(和他們在過程中認識的人身上)。這類特別「容易愛」或「容易被愛所傷」的人的故事,人人都曾聽聞。

有充分理由顯示,愛(特別是「戀愛」狀態)是種——幾乎是本質使然的——循環狀態,易於重複,甚至還主動招引反覆的嘗試。若被要求,我們大多都說得出那些我們覺得自己墜入愛河和戀愛的許多時光。人們會猜想(但這將是有根據的猜想)在這個時代裡,傾向不止一次用愛之名來稱說他們的生命經驗、不保證自己現在經歷的愛是最終的愛、期待有更多愛的經驗的各色人等,正急速增加。如果這猜想證實為真,也沒什麼好驚訝。畢竟,所謂愛是「至死方離」的浪漫定義,無疑已退流行——已超過使用期限,因為它以前所效力並從中取得活力與自我重要性的親屬結構,已徹底改變。但這種想法的消逝,不可免地意味著,可被稱為「愛」之經驗的試煉變輕易了。與其說這表示更多人在更多時候達到愛的高標,不如說是標準變低了;結果,愛這個字所指涉的經驗範圍大為增加。連一夜情都以「做愛」之名被談論。

「愛的經驗」突然變豐富且明顯好上手，會（也確實）加強這種信念：愛（戀愛、求愛）是一種得被學習的技能，會隨實驗的數量與練習的勤勉度而熟練。人們甚至會（也往往如此）相信，做愛技能必定隨累積的經驗增進；下一次的愛的經驗，就算不像更下次的愛那麼悸動或興奮，也會比現在的更愉快。

然而，這只是另一種幻覺……這種隨著愛情插曲增多而漸長的知識，把愛看成是激烈短促的撼人單元劇，先驗地認為它本來就易碎短暫。如此所獲得的技能，是那種「速戰速決」的技能；莫札特（Wolfgang Mozart）的《唐‧喬望尼》（*Don Giovanni*），[譯12] 依齊克果（Søren Kierkegaard）所說，即是這種技能的大師原型。但唐‧喬望尼也是「愛無能」的原型：他總是被「再試一次」的強迫動機所驅使，執迷於不讓當下每一次接連不斷的企圖阻斷未來的嘗試。如果唐‧喬望尼汲汲營營所尋找與實驗的目標是愛，這種實驗的強迫性本身就違反其目標。可以說，這種表面上的「技能養成」所帶來的效果，就像唐‧喬望尼的狀況那樣，必然是愛的**反學習**，一種讓人對愛「無能的訓練」。

譯12　莫札特於1787年寫下的歌劇，以十七世紀西班牙好色之徒唐璜（Don Juan）的故事為藍本。在莫札特劇中，唐‧喬望尼一再誘姦強辱女子，終因不知悔改而淪入地獄。

這種結果——愛對膽敢挑戰其本質的人的復仇——是可預期的。人能學習的活動,是有一套不變規則、有固定一致的環境以利學習、記憶、做一連串「連貫動作」的活動。若是在變動的環境中保持不變與養成習慣(成功學習的標記),不僅會有反效果,還會造成致命的後果。經過再三證明,對都市排水溝中的老鼠(這種聰明的生物很快就學會從毒餌中篩出可吃的部分)來說,最要命的,就是地下水管及水道網路的硬體變動和規則更改,而這些無規則的、不可學習的、無法預測的、完全難以捉摸的「異己」(alterity),都是其他智慧生物(即人類)所造成的,他們向因偏愛打破規則、肆意破壞規則與偶然間的區分而惡名昭彰。如果不能掌握這種區分,學習(就它被解釋為有益習慣的養成而言)根本萬無可能。堅持故步自封的人,就像每一次都以上一場勝仗的方式作戰的將領,負擔著自我毀滅的風險,也迎接永無止盡的困境。

正如盧卡（Lucan）在兩千年前所言，及培根（Francis Bacon）在許多世紀後所重複的——不得不託付給命運，是愛的本質。

在柏拉圖（Plato）的《會飲篇》（*Symposium*）中，曼提尼亞國的第俄提瑪（Diotima of Mantinea，意即「祭司之邦中，敬畏神的女祭司」）[譯13]告訴蘇格拉底（Socrates），「愛情的目的並不在美，如你所想像的」；「愛情的目的在憑美來孕育生殖」。愛就是欲望「去孕育和生殖」，因此愛人「四處尋訪，找一個美的對象來寄託生殖的種子」。換句話說，愛不是在渴望一個現成物，一件完整且完成的事物，讓愛在其中發現自己的意義——而是迫切著要參與，好變成這樣一件事物。愛很類似超越性（transcendence）；它是創造驅力的同義詞，也因此滿富風險，畢竟所有的創造都無法確定止於何處。

在每一份愛中，都至少有兩個存有，彼此對對方的情感天平都一無所知。這使得愛有如命運般難以捉摸——那奇異而神祕的未來，不可能預先知曉，無法預防或逃避，也無法加速前

譯13　在柏拉圖筆下，她是一位女祭司，蘇格拉底找她請教哲學問題。此處譯名採朱光潛音譯（取自《柏拉圖文藝對話集》，北京：人民文學出版社，1963）。另外，以下引自柏拉圖書中的文字，也採朱譯。

馳或一把抓握。去愛,意味著向命運開放——命運是最崇高的人類情狀,將恐懼與喜悅揉合為一,難以分離。從究竟的意義來說,向命運開放意味著讓自由存在:在他者——那愛戀的對象——身上體現自由。就像佛洛姆(Erich Fromm)所說的,「……沒有真誠的謙卑之情,沒有勇氣、信心與格律,一個人就無法在自己的愛情中得到滿足」;只是,他立刻又悲哀地加上,「在一個文化中,這些素質如果極其罕有,則愛的能力也必極其罕有」。[1]

確實如此——像我們這樣的消費社會,喜歡能馬上用、好處理、立即滿足的現成品,也因此要求無須曠日費神、傻瓜食譜、綜合保險、不滿意全額退費等設計。在此,學習愛的藝術的承諾,乃是把「愛的經驗」偽裝成其他商品的(虛假欺人但又被渴望成真的)承諾,那些商品靠著炫耀「免等立取、輕鬆上手、不勞而獲」的特色和承諾,以行誘引。

沒有謙卑和勇氣,就沒有愛。不論何時,當人們踏上一片未知的蠻荒大地,以及當愛發生在兩個或更多人之間、引導他們深入這片疆域時,在他們需要的巨大恆久的充分補給裡,謙卑和勇氣都缺一不可。

---

[1] Erich Fromm, *The Art of Loving* (1957; Thorsons, 1995), p. vii。譯注:此處中譯參引自孟祥森譯本(台北:志文出版社,1982)。

愛欲（Eros）[譯14]，正如列維納斯（Emmanuel Levinas）堅持的，[2]和占有及權力不同；它既非戰鬥，亦非融合——更非知識。

愛欲是一種「與異己、與神祕的關係，也就是說一種與未來的關係，與未臨現於包含一切的世界者的關係……」。「愛欲的痛苦，在於存有那無法超越的二元性。」企圖克服二元性，馴服那剛愎者，安穩那暴亂者，預測那不可知者，束縛那浪蕩者——所有這些，聽來都像在敲響愛情的喪鐘。愛欲有多久，二元性就有多久。愛的「天啟四騎士」乃是占有、權力、融合和除魅。[譯15]

這裡顯現愛那不可思議的脆弱，以及它是如此可恨地不願輕易接納自己的易受傷性。所有的愛都力求獨占，但就在它勝利時，它也會看見自己終極的挫敗。所有的愛都努力埋藏其不安與遲疑的源頭；但一旦它成功了，很快就會開始枯萎——然

譯14　希臘神話中的愛神。此處直接採其所象徵的意義。
2　Emmanuel Levinas, *Le Temps et l'autre* (Presses Universitaires de France, 1991), pp. 81, 78.
譯15　此處仿聖經中的「天啟四騎士」而說。聖經啟示錄中出現的四騎士，預示人類的四大災難，分別代表戰爭、瘟疫、饑荒、死亡。

後凋謝。愛欲被死神塔那托斯（Thanatos）的幽靈附身，沒有任何咒語能驅逐它。這不是愛欲早熟的問題，不管再多的訓練和自學之道，都無法將愛欲從憂鬱自毀的傾向解救出來。

他者的挑戰、催動與誘惑，使得所有的距離都顯得令人無法忍受地遙遠，不管它已縮得多短且微不足道。這個裂縫像是一處險崖。融合，或是壓倒性的權力，似乎是造成的痛苦的唯一解藥。然而，在軟綿愛撫和無情鐵鉗間的界限，只是細細一線，很容易就會被忽略。愛欲若沒實踐前者，就並非忠於自己；但若沒冒險一試後者，就不能實踐前者。愛欲鼓勵把手伸向他人──然而，會去愛撫的手，也會去攫取或榨擠。

不管你對愛與去愛學了多少，你的智慧只會像卡夫卡（Franz Kafka）的救世主一樣，在愛光臨後才到。[譯16]

只要愛存在，它就徘徊在挫敗的邊緣。當它前進，它的過往也隨之煙消；它的身後沒有可供撤退的防禦壕溝，能在遇到麻煩時躲藏。它對眼前的一切，還有未來會是什麼，也都一無所知。它從未有足夠的信心去撥雲見日、平息焦慮。愛是一種貸款，抵押物是不確定的、無法預測的未來。

愛可能會如死般駭人，也往往確實如此；但不像死的是，它會用欲望與興奮的騷動，來掩蓋真相。若說愛與死間的差異，有如引力與斥力間的差異，看來很有道理。但若再想一想，就會不那麼確定。比起愛的承諾，愛的餽贈往往更曖昧不明，因此，墜入愛河的誘惑力固然巨大難擋，但想逃之夭夭的引力也是如此。然而，尋找無刺玫瑰般完美之物的幻念，也從未遠離，難以抗拒。

[譯16] 卡夫卡在一篇寓言〈救世主的到來〉（Das Kommen des Messias）寫道：「救世主會在不需要他的時候才來；他會在別人到達後才來；他會來──不是在最後一天，而是在最後一刻。」

欲望與愛。本為手足。有時它們是雙胞胎；但絕不會是同卵雙胞胎。

欲望是想去消耗的願望。去豪飲，去鯨吞，去攝取，去消化——滅絕一空。欲望不需要其他刺激，只需要異己的臨現。此一臨現本身就已永遠是種冒犯，是種差辱。欲望是種想報復此冒犯、避開此差辱的衝動。欲望是當異己欲迎還拒，用承諾全新的處女地來勾引，又因其不可捉摸而頑固的他性（otherness）激怒人時，一種想消弭自己與異己之間隙的強制性。欲望是種想剎除異己之他性的推力，也藉此剎除對方的權力。經過這樣的品嘗、探險、親近與馴化，異己那誘惑的刺會褪盡、碎裂——倘使它還有幸存在的話。奇怪的是，經過此過程，異己那未經消化的殘餘，會從消耗品淪為廢棄物。

消耗品吸引人；廢棄物惹人嫌。欲望之後，徒留垃圾。它們似乎是從異己榨擠出來的異質**以及**被榨乾殆盡的空殼，曾經凝鑄為滿足的狂喜，卻注定在欲望後消散。從本質上來說，欲望是種毀滅的衝動，也是種**自我**毀滅的衝動，儘管拐彎抹角：欲望從誕生之際，便被死亡的願望所沾染。然而，這是它最私密防守的祕密；最主要是防守它自己。

而愛，乃是去關切、去維護關切對象的願望。不像欲望的

向心式集中，愛是一種離心式的推力。那是去擴張、去超越、去舒展存在於「那邊」者的推力。愛讓主體融合、吸納、同化於其對象裡，而不是像欲望那樣讓主體吞噬掉對象。愛為這個世界添加東西——每個加上的東西，都是去愛的自我的生命痕跡；因為有愛，自我才逐漸在世界生根。**越把自己給予所愛的對象，自我就越寬廣**。自我在歷經自我之異己的淬煉後重生，這便是愛。所以愛這種驅力既是去持守、餵哺、庇護，也是去愛撫、寵溺、嬌縱，或是滿懷妒意地防備、隔離、監禁。愛意味著生而服務，任憑擺布，聽命行事——但也可能意味著占為己有與奪取責任。統治得經由降服；奉獻會反轉成取得。愛是權力貪婪的連體嬰；兩者難分難捨。

如果說欲望是想消耗，愛則是想擁有。欲望的實現意味消滅其對象，愛則與其所獲共同成長，並因其恆久不渝而得到實現。如果欲望是自我毀滅的，愛則是自我延續的。

就像欲望一樣，愛對其對象來說，也是一種威脅。欲望毀滅其對象，並在此過程中毀滅自己；愛則是在其對象周遭編織關切的保護網，使之成囚。愛抓住俘虜，予以拘禁；它所以逮捕，是為了保護它的囚犯。

欲望與愛的行動互不相容。愛是一張撒向永恆的網，欲望則是一種省去織網麻煩的計謀。就本性而言，愛會奮力延續欲望，但欲望則會避開愛的鐐銬。

「你的目光橫掃過一處擁擠的廳室;迷人的獵物閃閃發亮。你趨前聊天、共舞、歡笑、共享一杯飲料或一個笑話,很快地,你們其中之一問了:『你家還是我家?』你倆沒一個存心認真,但也許一夜會變成一個禮拜,然後是一個月,一年,或更久。」——賈薇(Catherine Jarvie),於《衛報週末版》(*Guardian Weekend*)[3]

欲望火花及為平息欲望而來的一夜情,所發生的這種無法意料的後果,在賈薇的描述中,乃是「介於自由約會和認真的重要關係間的中間站」(雖然正如她提醒讀者的,在一方「繼續信守承諾,另一方卻熱中於獵取新貨色時」,「認真」並不能擔保「重要關係」不在「困境與痛苦」中結束)。中間站——就像所有其他顯然得在多變環境中「等候另行通知」的處置,束縛未來,既是人們絕望的渴盼,又是他們極為憎恨之事——並不必然是件壞事(在賈薇和她引述的諮商心理學家拉蒙特博士〔Dr Valerie Lamont〕看來);但若你「許下承諾,不管那再怎麼漫不經心」,「記住,你都很可能正在把其他的羅曼史機會關在門外」(也就是說,除非你伴侶同意,否則得放棄「獵取

---

[3] *Guardian Weekend*, 12 Jan. 2002.

新貨色」的權利）。

敏銳觀察、冷靜評估：你處在二者擇一的局勢。欲望與愛，只能二選一。

更多敏銳的觀察：你的目光橫掃過廳室，並且很快地⋯⋯巴不得立刻一躍上床，一起大搞特搞，欲望沒來由地出現，不需太多敲門問安的繁文縟節便進駐到心房──儘管在我們這個以安全為上的世界，幾乎沒幾扇門會不上鎖，更別說是沒鎖的門；欲望沒有閉路電視監視器來仔細檢查闖入者，區分不懷好意的竊賊和真正的訪客。對於欲望，檢查星座速不速配（就像某個手機品牌的電視廣告那樣）可能就夠了。

也許說「欲望」都嫌太多。就像在購物：現在的顧客買東西，不是要滿足欲望，而是像弗格森（Harvie Ferguson）[譯17]所觀察的──是**基於願望**而買。要播種、培養、餵哺欲望，實在太花時間（對厭惡拖延、並取代以推廣「立即滿足」的文化標準來說，是不可忍受的漫長時間）。欲望需要時間去發芽、生長、熟透。當「長期」縮得越來越短，欲望仍然固執地拒絕加速成熟；從在培養欲望上投資到獲得報酬的時間，因而讓人覺得越來越漫長──漫長得惱人又負擔不起。

大型購物中心股東不容許經營者花上這麼長的時間，經營

譯17　英國學者，格拉斯哥大學社會學教授。

者也不希望購物決定只憑隨興所至,或任由顧客自己摸索、醞釀動機,這實在太不可靠。所有促使顧客消費的動機,必須是在逛購物中心的當下誕生。一旦任務達成,這些動機也可能會當場消逝(在大多數情況下,是透過加工自殺)。它們的預期壽命只有顧客從購物中心入口逛到出口的這段時間,不需要更長。

　　近來,購物中心的設計方式,是使願望即生即滅,而非讓欲望緩緩哺生、尾大不斷。逛購物中心時該被(且會被)種下的唯一一種欲望,是反覆任憑願望不照劇本演出、重享「隨心所欲」的縱情時光的欲望。願望之預期壽命的短暫性,乃是其最重大的資產,也是它們勝過欲望之處。眾所皆知,向願望投降不像遵循欲望那樣,它只是短暫的,可望不會留下長久後果,免得妨礙下一次的歡欣狂喜。就伴侶關係來說,特別是性伴侶,遵循願望而非欲望,意味為「其他的羅曼史機會」敞開大門,而正如拉蒙特博士提出、賈薇思索的,它們可能「更讓你滿意、更如願以償」。

當消費市場魔力已將「依願而行」深銘於日常行為，遵循欲望而要航向愛的許諾，似乎令人不自在、彆扭又難過。

　　在欲望的正統解釋中，欲望需要照料、哺育，包括長時間的照顧、向來無解的交易難題、許多艱困的選擇痛苦的妥協——但這裡面最糟的，就是滿足的延宕，這種犧牲無疑是我們這講求速度與加速的世界最厭惡的。當欲望強度轉弱、變得更密實、徹底轉化為願望時，它不但失去上述這許多惹厭的特性，同時也更緊密地鎖定目標。就像信用卡廣告的著名介紹詞——現在，你可以「免等立取」。

　　當伴侶關係為願望所引導（「你的目光橫掃過一處擁擠的廳室」），遵循的也會是購物模式，要求的也正是一個有適度經驗的顧客那樣的技能。伴侶關係就像其他的消費財，可以當下使用（而不需額外訓練或延長準備）、一次用畢而「無損於合法權利」。最重要的，它顯然是即用即丟的。

　　如果商品有瑕疵或不讓人「完全滿意」，就算這筆交易不包括售後服務和全額退費保證，也可以換其他可能比較滿意的商品。但即使商品果真如其所宣稱，也沒人期待它們能久用；畢竟，還很乾淨好用的車、電腦或手機，也會只因為又有「全新升級版」上市且成為熱門話題，而被無情或略帶惋惜地丟棄。伴侶關係憑什麼能免除這種命運？

伯吉絲（Adrienne Burgess）寫道，「就長期來說，許下承諾毫無意義」。[4]

就像她繼續解釋的：「承諾衍生自其他事情：我們有多滿意我們的關係；在這段關係之外，我們是否看到其他可行的選擇；再繼續下去是否會讓我們失去重要的投資（時間、金錢、共有財產、孩子）。」然而，正如北卡大學（University of North Carolina）一位「關係專家」羅斯包特（Caryl Rusbult）所說：「這些因素也起起伏伏，正如人們的承諾感。」

確實，這是個難題：你不願做個了斷，但又深怕賠無止盡。專家會告訴你，一段關係就像所有其他投資一樣：你投注本來可以花在其他目標上的時間、金錢、努力，希望自己做了對的事，也希望自己在其他享受上失去或忍住的，能夠有所回報──連本帶利。買股票若價格看漲，你會持有不放，並在獲利下跌或有其他股票看來更旺時迅速賣掉（重點是不能忽略這些時機）。如果你投資的是一段關係，你首先期望的獲利是安全：各種意義下的安全──在你需要時幫助你，悲傷時拯救你，寂寞時陪伴你，遇險時保護你，挫敗時安慰你，勝利時為

4　Adrienne Burgess, *Will You Still Love Me Tomorrow* (Vermilion, 2001)，引自 Guardian Weekend, 26 Jan. 2002。

你喝采;還有需求立即被滿足的感受。但記得這個警告:一旦為關係許下承諾,即是「就長期來說,毫無意義」。

這些許諾當然毫無意義;關係是像其他種類的投資,但你曾宣誓要忠於向營業員買來的股票嗎?發誓你不論順逆貧富都忠誠不渝,「至死方離」?絕對目不斜視,不管有更大的獎賞(誰知道呢?)對你招手?

稱職的股東(注意:股東只是持有股票,而只要是持有的,你都可以放手)每早第一件事,就是翻開報紙證券版,去看該繼續保有持股或是賣掉。另一種股票也是如此:關係。只不過在這種情況下,沒有所謂的股票交易,也沒人會專職為你衡量可能性、評估機會(除非你像聘請股票分析師或公證會計師那樣去聘請諮商專家,雖然在關係這檔事上,無數脫口秀和「真人戲劇」極力嘗試占據專家的位置)。因此你必須自己來,日復一日。如果你犯了錯,你沒法輕輕鬆鬆地把責任推給資訊有誤。你必須隨時保持警戒。如果你打個盹或稍一分神,馬上會吃苦頭。「保持一段關係」意味數不完的麻煩,但其中最要命的是恆久的不確定性。你永遠無法真正、完全地確定該怎麼做——也永不確定你是否做了對的事,或是在對的時候做了對的事。

這個難題看來沒有解決良方。更糟的是,它似乎有種最讓人反感的弔詭:不只是因為關係未能滿足它本應(也被希望)

撫慰的需求，還因為它讓那需求更麻煩難捱。你尋求關係，是因為想減輕寂寞中浮現的不安全感；但這種療法幾乎讓症狀更加嚴重，讓你現在覺得比以前更不安全，即使這種「新且加劇」的不安全感是從別處滲出。如果你認為你對伴侶的投資，將會被回報以安全這種強勢貨幣，你似乎已預設錯誤。

這是個麻煩，切切實實是個麻煩，但還不是所有的麻煩。「就長期來說，毫無意義」（**雙方**都知道！）的這種對關係的承諾，是一把兩面刃。它使你的投資會持續獲利或全軍覆沒，成了你計算和決定的問題——但是，沒有理由假設你的伴侶不會做出類似決定（如果她或他需要的話），或是她或他沒有自由這麼做（萬一他們想的話）。認識到這個，更增加你的不確定性——而這個增加的部分正是最難忍受的：它不是你自己「要走或留」的選擇，事實是，你根本沒權力阻止伴侶退出這場交易。你很難依己所好改變伴侶的決定。對你的伴侶來說，你是該被賣掉的股票或該了斷的損失——而且沒有人會在賣掉股票或了斷虧損前，問它們的意見。

總之，被看作商業交易的關係，絕非失眠良藥。投資於這種關係中，即使你想要的是一陣頭痛而非解藥，也並不安全，且必定持續不安全。只要關係被視為有利可圖的投資，像是安全的保證和你問題的解決之道，你就似乎輸定了。寂寞會孵出不安全感——但關係似乎也是如此。在一段關係中，你可能會

覺得就像沒有它時那麼不安,或是更糟。唯一改變的,只有你怎麼稱說你的焦慮。

如果一個困境沒有解決良方，如果公認明智有效的步驟都無法更靠近解答——那麼人們會出現更不理性的行為，給問題火上加油，讓解決之道更不可能。

伯吉絲引述的另一位關係專家，塔維史塔克婚姻研究中心（Tavistock Martial Studies Institute）的克魯羅（Christopher Clulow）結論道，「當愛人沒有安全感，他們往往會出現很沒建設性的行為，不是試著取悅，就是試著控制，甚至可能會在心理上凌虐對方——所有這些行為，都像是要把愛人趕跑」。一旦不安全感悄然而至，這場航行就不再胸有成竹、考慮周到且堅定安穩。關係這無舵的脆弱小筏擺盪於兩座惡名昭彰的岩石間，許多伴侶都在其中顛躓難行：一邊是完全的服從，一邊是完全的權力；一邊是柔順的接受，一邊是傲慢的征服；一邊是抹消自己的自主性，一邊是壓抑伴侶的自主性。即使是老練的船員駕著光潔的船，撞上任一座岩石，都可能翻覆失事——更別說是沒經驗的船員撐著一艘小筏了，何況這個船員成長於零件壞了就換新的紀元，從未有機會學習修補的藝術。現在的船員，沒人會浪費時間去修理不再經得起航行的零件，寧可拿個備用零件遞補。然而在關係的小筏上，零件是買不到的。

一場失敗的關係往往是一場失敗的溝通。

就像洛士特（Kund Løgstrup，他先是菲英島〔Funen〕教區裡輕聲細語的福音傳道者，後來成為阿胡斯大學〔University of Aarhus〕中發言鏗鏘的倫理哲學家）所言，有「兩條歧路」埋伏等待著粗心或思慮不周的溝通者。[5] 一條是「因為懶惰、對人的恐懼，或是偏好安逸的關係，造成只試著取悅對方、避開問題核心的結合。大概除了共同對抗第三者的使命外，沒有什麼比互相讚美更能造就一段舒適的關係了」。另一條則是「我們總想改變其他人的願望。我們對怎麼做事、別人又該怎麼做，意見總是很明確。這些意見缺乏對他人的理解，因為你的意見越明確，就越需要不被對要改變者的理解所影響」。

麻煩是，這兩條歧路往往都誕生於愛。第一條歧路正如洛士特暗示的，可能是我對舒適與和平的欲望造成的。但也可能是（且往往是）我對於對方那充滿愛的尊重的產物：我愛你，因此我讓你作你自己並始終如一，不管我多麼懷疑你做選擇的智慧。不管你的固執可能對你造成多大的傷害，我都不敢反對

---

5 Knud Løgstrup, *Den Etiske Fordring* (Nordisk Forlag, 1956), trans. Theodor I. Jensens as The Ethical Demand (University of Notre Dame Press, 1997), pp. 24-5.

你，免得你被迫在你的自由和我的愛間做選擇。不管發生什麼，你都會得到我的贊同⋯⋯而既然愛不得不是占有，我這充滿愛的慷慨滿是祝福：這任你揮灑的自由，是我愛的禮物，是無處可尋的稀世珍寶。我的愛就是你尋找且需要的避風港，就算你不曾尋找它。現在你可以歇息，不必再尋找了⋯⋯

在此運作的，是愛的占有欲；但這是一種透過自我抑制而實現的占有欲。

第二條歧路，產生自愛的占有欲釋放後的橫衝直撞。愛能緩解人類個體性帶來的賜福／詛咒，其中之一即是分離時必定會產生的寂寞感（正如佛洛姆指出的，[6]各種背景、年紀的人們，都會面對同樣的問題：怎樣克服分離，怎樣融為一體，怎樣超越個人的個體生命、發現「合一」〔at-onement〕）。所有的愛都帶著食人族的衝動。所有的愛人都想抑止、撲滅、洗去那惱人的「異己」，就是它，讓自己和所愛分離；與所愛分離，是愛人最深的恐懼，許多愛人會竭盡所能去逃離永別的幽靈。要達到這個目標，有什麼方法會比把所愛變成自己不可分離的一部分更好？我去哪裡，你就去哪裡；我做什麼，你就做什麼；我接受什麼，你就接受什麼；我憎惡什麼，你就憎惡什

6　Fromm, *The Art of Loving*.

麼。如果你不是且無法當我的連體嬰,那就當我的複製人!

第二條歧路還有另一個根源——這深植於愛人對所愛的戀慕。諾頓(David L. Norton)和基莉(Mary F. Kille)在為《愛的哲學》(*Philosophies of Love*)這本文集所寫的導言中,[7]說了個故事:一個男人邀請眾友晚宴,好見見他「美麗、品德、智慧、優雅的完美化身,總而言之,世上最可愛的女人」;當日稍晚,在餐桌上,受邀的朋友「極力掩飾他們的震驚」:這就是「讓維納斯(Venus)、海倫(Helen)、漢密爾敦夫人(Lady Hamilton)[譯18]相形失色的美麗造物」?有時,我們很難在對所愛的戀慕與自我戀慕間做個區分;此處可見的,是虛張聲勢卻又缺乏自信的自我留下的痕跡,它拚命透過自己的鏡像——或最好是一幅極盡阿諛之能事、費盡功夫潤飾的肖像——來確認自己不確定的優點。這豈不表示我獨特的勇氣已揉合入**我**(記住:是**我**,我自己,執行著我至高無上的意志和判斷)所選擇的——即我從芸芸眾生中選出的我的(專屬**我自己的**)伴侶?在被揀選者的炫目光亮中,我的炙熱光芒尋得自

7　David L. Norton and Mary F. Kille (eds), *Philosophies of Love* (Helix Books, 1971).
譯18　海倫,希臘神話中世上第一美女。漢密爾敦夫人(1761-1815),英國十八世紀名美女,出身煙花,後為英國駐拿坡里大使之妻,又與名將納爾遜(Horatio Nelson)熱戀。

己的反射。那光亮加添了我的光輝，確認我的光輝並予以支持，不管它所行何處，都傳遞著我的光輝的訊息與證據。

但我可以確定嗎？我徒然懷著永遠不要聽見疑問的希望，將疑問鎖進不思不想的黑暗牢籠，若它們真能不再嘈嚷，我才可能確定。我不安，發愁；我擔憂美德可能有瑕疵，光輝可能是空想……擔憂目前的我和真正的我（它渴望露臉卻一直未遂）之間，那仍需要協調的距離——而要協調，根本是空想。

我的所愛有如一塊看板，在其上，我這完美的作品畫得極其富麗堂皇；但污點與髒垢是否也會一併顯現？若要把它們都擦乾淨，或在它們沾黏得太緊以致擦不掉時掩藏起來，必須在繪畫正式開始前，徹底清潔畫板並塗上底漆；然後仔細觀察，確定過去不完美的作品不會在新畫作下露出痕跡。想要休息，總嫌太早——修復和重畫永無止盡……

這種永無止盡的努力，**也**是一種愛的勞動。愛與創造能量一起噴發；一次又一次，這種能量在每次爆發中解放，或在一種規律的毀滅式暴漲中釋放。

在此過程中，所愛已轉變成一張畫布。最好是空白的畫布。它原先的色彩已被漂白，因此不會破壞畫家所畫的，或有任何不調和。畫家不需問在畫底下的畫布感覺怎樣。帆布畫布或亞麻畫布不會主動訴說。儘管人類畫布偶爾如此。

瞬間來電、一見鍾情都有可能；然而時間——不管有多長、有多短——一定會在問題與答案間、提議與接受間流逝。

時光不停流逝，它再怎麼短，也無法短到讓問者和答者保持不變，留滯在答案出口的那一刻：「那個」問者、「那個」答者。因此，正如羅森茨韋格（Franz Rosenzweig）[譯19]說的，「答案不可避免地是由另一個人回答，而非當初那被問的人；而得到答案的也是那發問後已有所改變的人，而非當初那問問題的人。當中發生的改變有多深邃，永遠無法得知」。[8]問了問題、等待答案、被問問題、思索答案……都會造成這些改變。

伴侶雙方都知道會有這種改變，也都歡迎它的到來。他們莽撞地跳入未知的水域；迎向未知展開探險的機會，對愛人是最大的誘惑。「在愛的銷魂遊戲中，第一個讓愛人放下心來的時刻，泰半是彼此開始用名字叫對方的時候。這有如某種誓言：這兩個個體的昨日，將成為他們今日的一部分。」讓我再補充說道：這也代表共享的明日，將成為他們半分享、半分離

譯19　羅森茨韋格（1886-1929），德國宗教哲學研究家。
8　Franz Rosenzweig, *Das Büchlein vom gesunden und kranken Menschenverstand,* trans. as *Understanding the Sick and the Healthy,* ed. N. N. Glatzer (Harvard University Press, 1999).

的今日的一部分。隨著此一結合而來的明日,將會(也必定會)不同於今日,就像今日不同於昨日一樣。約翰會變成約翰和瑪麗,瑪麗會變成瑪麗**和**約翰。

馬瓜德(Odo Marquard)[譯20]談到在德文裡,zwei(兩個)和 Zweifel(懷疑)間的語源關係,他的說法不必然是挖苦;馬瓜德提出它們除了只是押頭韻之外,還有更多相連性。只要有兩個人,就失去確定性;而當另一方被認可為成熟的「第二者」,一個**獨立自主**的第二者,而非只是一個延伸、一句回聲、一把工具,或是身為**第一者**的我的隨扈——即是承認且接受了這種不確定性。成為兩個人,表示同意不明確的未來。

卡夫卡認為,我們和上帝雙重分離。在吃了智慧之樹的果實後,**我們與祂分離**——而由於我們沒吃生命之樹的果實,**祂又與我們分離**。[譯21]祂(即永恆:在永恆中,眾生與其所作所為皆得包容;在永恆中,什麼都可能成真,什麼都可能發生)向我們封閉自己,絕對保密——那永遠超越我們理解的祕密。但我們知道祂這麼做——而這認知讓我們無法歇息。從建造巴別

譯20　馬瓜德(1928-2015),德國哲學家。
譯21　聖經記載,伊甸園種了智慧之樹與生命之樹,上帝告誡夏娃和亞當絕不可吃智慧之樹的果實。然而夏娃受到蛇引誘,吃了智慧之樹的果實,並勸亞當也吃,兩人乃被上帝逐出伊甸園。一說智慧之樹也是死之樹,吃了果實即無永生。另,據說吃了生命之樹的果實能得永生,此指人無永生,但上帝有。

塔（Tower of Babel）的失敗企圖開始，[譯22]我們就無法停止嘗試、犯錯、失敗，然後再度嘗試。

嘗試什麼？嘗試拒絕分離，拒絕被剝奪生命之樹果實的權利。繼續嘗試且屢戰屢敗是人性的，太人性了。如果異己正如列維納斯所強調的，是終極的謎、絕對的未知，完全無法參透，那它一定會是種攻擊與挑戰──精確地說，它像上帝一樣：禁止接近、拒絕進入、無法獲得、永難觸及。然而（正如羅森茨韋格一直提醒我們的），「要達到無限，無法透過事前組織⋯⋯至高之事是無法計畫的；對於它們，準備好就是一切」。

準備好什麼？「話語被時間所限制，也被時間所滋養⋯⋯它事前並不知道自己將在何處終止。它從其他人的話語取得線索。事實上，它的存活仰賴另一個人的生命⋯⋯在實際的對話中，有事情發生了。」「另一個人」是誰，可以讓話語因其存活而存活，也使某事在對話中能夠發生？羅森茨韋格解釋道，「另一個人」，「永遠是個相當特定的某人」，他「不只像『所有人』那樣有耳朵，還有一張嘴」。

譯22 聖經記載，人類本來都說一樣的語言，互相合作無礙，乃打算建一座通往天堂的高塔──巴別塔──好「傳揚我們的名，免得分散在各地」。上帝為阻止人類的計畫，便讓人們說不同的語言，使他們無法溝通，巴別塔計畫就此失敗，人類也各分東西。

這正是愛所做的：從「所有人」搶走**一個**他者，並透過這項行動，將「一個」他者重新塑造成「相當**特定**的某人」，有著一張會被傾聽的嘴，可以與之交談，好讓某事發生。

而「某事」又是什麼？愛意味懸而不答，或忍住不問。把**一個**他者變成**特定**某人，表示把未來變得不確定。這表示同意未來的不確定性。這表示同意活在人類被分派的僅有位置上，從生到死：展延在人類行為之有限與人類目標與結果之無限間的空虛。

賈薇在評論倫敦婚姻諮商中心（London Marriage Guidance）的沃頓（Gillian Walton）的意見時，[9]解釋「頂袋關係」（top-pocket relationship）為何這麼稱呼：因為你把它放在口袋裡，好在需要時隨時掏出來。

賈薇說，成功的頂袋關係甜美而短命。我們可能會假設道，**因為**它短命，所以才甜美，且其甜美正在於：你不需想方設法或竭盡全力，讓這甜美保持得完整而長久；事實上，你什麼都不用做，就可以享受它。「頂袋關係」體現的，就是快速、即用即丟。

除非某些條件先符合，否則你的關係不會具備那些美妙的特質。記住，就是**你**必須符合那些條件；當然，「頂袋關係」好處的另一個要點是，既然就是你、也唯有你是成功的關鍵，因此就是你、也唯有你掌控全局——且在整樁「頂袋」關係的短短生涯中掌控全局。

第一個條件：這樁關係，必須是在充分意識而且完全冷靜的情況下產生。記住，這裡沒有「一見鍾情」這回事。沒有所謂的**墜入**愛河……沒有讓你無法呼吸、喘不過氣的情緒遽然波

9　*Guardian Weekend*, 9 Mar. 2002.

動：既沒有我們稱為「愛」的情緒，也沒有我們冷靜敘述為「欲望」的那些東西。切莫讓自己神魂顛倒、目眩神迷，還有最重要的，別讓你的計算機被搶下手。也別搞錯你要進入的這段關係是什麼，它如其所是，不是也不該是別的什麼東西。唯一的考量在於方便性，而這是腦袋清不清楚的問題，和心溫不溫暖（更別說燒過頭）無關。你的抵押貸款越少，未來遭受房市波動的不安全感就越少；你對關係的投資越少，未來遭受情緒波動的不安全感就越少。

　　第二個條件：讓關係保持原樣。記住，方便性在轉瞬間就會變得棘手。所以，不要讓關係逃脫腦袋的監督，不要讓它依自己的邏輯發展，特別是獲得自我保有權——以致跑出你的頂袋，那個它該屬於的地方。時時密切注意。切莫放鬆警戒。仔細觀察賈薇所說的「情緒暗流」（很顯然地，情緒一旦落在計算範圍外，就很容易變成「暗流」）裡即使是最細微的變遷。如果你注意到你不要而且也不想要的東西出現——就知道「離開的時候到了」。謹慎地旅行，可以幫你省去抵達目的地時的厭煩。旅程才是歡樂所在。

　　所以，隨時讓頂袋保留空間、準備就緒。你很快就需要把東西放在那兒，並且——畫個十字，祈求好運吧——你將……

《衛報週末版》的「關係心語」專欄值得週週閱讀，但若一次讀完幾週的量會更好。

　　這個專欄，每週都對預期——非常適時地預期——大多數男女（主要是《衛報》讀者）遲早會面對的問題，提出該怎麼做的忠告。一週，只能解決一個問題；但連續幾週下來，忠實而專注的讀者所獲得的，會不只是特定的生活政治（life politics）技能，只能在某些處理特定問題的特定情境派上用場；這些技能，一旦被習得且結合，會有助於**創造**技能被設計用以處理的情境，並辨識出技能被設計用以應付的問題。一位有幸擁有較大記憶容量（而非僅是一週）的規律、忠實讀者，能勾勒且填妥生活的地圖，指出「問題」傾向何時發生；能記錄確實出現的「問題」的完整清單；能對問題的相對頻繁度提出看法。在這個事物或事件的重大性僅以數字代表、也只能以同樣的方式理解的世界（從銷量看曲子的流行度、從收視率看公共事件或展演的重要性、從出殯隊伍人數看公共人物的地位、從引述與提及次數看知識份子在大眾心中的影響力），某些「問題」一直重現於「關係心語」專欄的高頻率——扮成不同的樣貌，「週」而復始地——證明了這些問題與成功生活的關連，以及被設計用來解決它們的技能的重要性。

因此，從被「關係心語」專欄的稜鏡所看透的關係中，對於事物及相關處理技術的相對重要性，一位忠貞讀者能學到什麼呢？

讀者可以學到相當多的有用提示，包括一般人沒想到的能找到潛在伴侶的地方，以及哪些情境比較容易誘使或被說服擔起伴侶的角色。還有，他或她會因此知道進入一段關係是個「問題」；也就是說，關係帶來一種會引發困惑與不快緊張的困境，而為了對抗並驅趕這些困惑與緊張，需要相當程度的知識與技術。這全都可以學習──不用吃苦，只須週復一週，規律地遵循《衛報週末版》的「關係心語」。

不過，可能會涓滴匯入、深植於忠實讀者之生活與生活政治觀的，並非上述。單從出現於「關係心語」的問題頻率看來，**構成**關係的藝術輸得五體投地，贏家是毀壞關係的藝術，以及該如何全身而退，幾乎不留得花大量時間治癒及大量關懷以防「間接傷害」（例如疏遠的朋友，或是不歡迎某人的小圈圈，或某人想要避開的小圈圈）的潰爛傷口。

貝克斯特（Richard Baxter），這位滿懷激情的清教徒先知，如果他是液態現代紀元的生活策略先知，可能也會用談論外在財物之獲取與照料的方式來談論關係：它們「只該像件輕斗篷披在肩上，隨時都可拋到一邊」，而人們最該覺察的，就是它無心地、悄悄地轉變成「一件鎖子甲」……你無法把財富

帶到墳墓,先知聖貝克斯特如此勸誡他的信徒,複述那些活得如在服務來生的人都知道的常識。你無法把關係帶到下一齣單元劇,諮商專家貝克斯特會這麼勸誡他的客戶,就像事後諸葛那些成真的預兆一樣——他們的生活已被分割成許多齣單元劇,每一齣都有如在服務下一齣。你的關係多半會在這齣單元劇結束前破裂。如果沒破裂,幾乎不會有另一齣。當然也就沒有可以品味、享受的另一齣。

《東倫敦人》（*EastEnders*）[譯23]在收視率上令人意外的大成功，傳遞了一個完全不同的訊息⋯⋯

著迷上癮的觀眾日漸增多，劇作家、製作人、演員的自信心也與日俱增。這齣肥皂劇似乎擊中了一個點，是其他肥皂劇所忽略或打不中而屢屢撲空的。它的祕密是什麼？

《東倫敦人》的角色所**進入**的關係，看來就像觀眾從親身經歷的挫折或他人遭遇挫折的警誡故事（包括來自「關係心語」專欄的訊息）中，所熟知的其他關係那般脆弱。《東倫敦人》角色所維繫的紐帶（bond），鮮有能平順熬過幾個月的──有時只有幾個禮拜──而在這些死去的關係中，因為「自然原因」而結束的，更是鳳毛麟角。記憶力好的觀眾，會覺得艾伯特廣場有如人類關係的墓碑⋯⋯[譯24]

進入《東倫敦人》那樣的關係並不簡單。這種關係需要努力，也要求相當程度的技能，而這正是劇中許多不幸的角色所缺乏的，僅有一小撮人天賦異稟（雖然有時這也需要碰上極為罕見且難以預測的好運）。麻煩並不在有情人終成眷屬後就結

譯23　英國 BBC 電視台推出的著名肥皂劇，從 1985 年演至今。
譯24　艾伯特廣場為《東倫敦人》劇中虛構的場景，諸多角色常常望向窗外，看向整個艾伯特廣場。

束。共享的房室可能是許多歡笑喧鬧的場所,但不見得是安全歇息的基地。它們有些會是上演殘酷戲劇的舞台,先是口角,再是互毆,接下來(如果這對伴侶沒在狀況更糟前分手的話)就發展成徹徹底底的敵意,邁向一場可比《霸道橫行》(Reservoir Dogs)[譯25]的攻擊。精心籌畫的婚禮根本沒用;告別單身生涯的派對終結不了危險暗藏、威脅潛伏的未知;大喜之日也絕非引導小兩口踏入「全新天地」的開始——它們都只是一齣沒有劇本和情節的戲劇的休息時間。

伴侶關係不過是「利益匯合」的結盟,在《東倫敦人》人們來來去去的流動世界中,機會敲門踏入後旋即消失;命運起起伏伏,結盟關係也浮動、彈性且脆弱。人們為了逃避脆弱的折磨,汲汲尋求伴侶與「進入關係」,卻只找到比以前更折磨人且痛苦的脆弱。一次又一次地,想要/希望/預期成為抵抗脆弱的一處庇護所(也許是**唯一**的庇護所),反而變成脆弱的溫床⋯⋯

《東倫敦人》的百萬粉絲,都邊看戲邊點頭稱是。是的,我們都知道這些,我們都看過這些,我們都經歷過這些。我們所痛苦地學到的,是那種被丟下孤伶伶的一個人,沒人撫觸、

譯25 美國鬼才導演塔倫提諾(Quentin Tarantino)的第一部片,片中即見他獨特的暴力美學與敘事風格,成為黑幫電影經典。

安慰、伸援的情況，確實可怕又駭人，但人覺得最寂寞被棄的時刻，莫過於得努力確定今日依賴的人明日也能依賴，後天又是否依然如此──如果（當）命運之輪轉向的話。你努力的結果無法預測，何況努力本身又讓你心力交瘁。每天都需要付出**犧牲**。爭吵互毆幾乎無日不來。你渴望著相信，也確實充滿熱情地相信，在你選擇的伴侶心中深藏著善，但要等那份善突破惡的外殼，所要花的時間，可能遠比你能忍受的久。並且，就在你等待的時候，你會感受到更多的痛苦，掉更多的淚，流更多的血……

《東倫敦人》影集一週複述三次這些生活智慧，規律而可靠地，對無可確定的狀態做再三確認：是的，這是你的生活，以及其他像你一樣的人的生活真相。不用恐慌，來了就接受吧，並且時時莫忘它會到來──你可以確信它會。**讓**別人成為你的生命伴侶當然不簡單；但你別無選擇，只能一再嘗試。

雖然如此，《東倫敦人》一週三次要帶來的訊息並不止於此，而許多人非看《東倫敦人》不可的原因也不僅於此。它還帶來另一個訊息。你也許忘了，在永無終止的生命戰鬥中，還有第二座戰壕可以庇護你；一座現成的、最終的防護壕溝，能夠抵擋反覆的無常命運，以及冷酷世界裡的各種意外。早在你挖自己的戰壕前，這戰壕就已為你挖好，只等你跳下去。沒有人會提出疑問，沒有人會質疑你憑什麼獲得求援的權利。不管

你做了什麼,沒人會拒絕你進入。

　　這座壕溝就是《東倫敦人》中的布卻爾、米歇爾、史萊特家族。[譯26]那些你剛好屬於,而非主動加入或要求進入的氏族。你啥也不用做,就會**變成**「他們的一份子」。雖然你也幾乎無法**停止**成為他們的一份子。如果你忘了那些簡單的真理,他們很快就會提醒你。

　　因此你發現自己處於雙重束縛中。除非你是那些極少數特別狂妄大膽、無法無天、熱愛冒險或精神錯亂的異端,和很快就必須消蹤匿跡——像是被車撞、被鄰居趕走、被關進牢裡(或用其他可行的方式消失在亞伯特廣場)——的「天生」被放逐者,你會想用生命給你的這兩個錨,停泊在他人的陪伴下。你會希望掌握住**你選擇**的伴侶,以及命運已**為你選好**的氏族。

　　然而,那可能不容易——就像既想享受爐邊的溫暖,又想同時暢游於海中那樣不容易。亞伯特廣場那些人的曲折故事,將所有擋著你路的障礙娓娓道來,又絲絲入扣;這是為何你一週要看三次他們的豐功偉業的另一個理由。你看到自己一路走來的甘苦:你是你伴侶和你家族間唯一的連結,前者是你愛且也想被愛的,後者則是你所屬也想屬於、而它也希望你歸屬並

譯26　即《東倫敦人》中人物所屬家族。

遵循它的。你確確實實是個「最無力的連結」——在他們雙方拔河造成的拉扯中，你是受苦最多的那個。

在這場慢燉溫煮、不時沸騰的消耗戰裡，最先受害的是那些夢想大和解的人們，並以小茉（Little Mo）的審判[譯27]達到戲劇的最高潮——簡直臻至安蒂崗妮（Antigone）悲劇[譯28]的高度——有如索孚克利斯（Sophocles）這齣不朽戲劇的新版，演出早已排定的永恆故事⋯⋯

安蒂崗妮說：「喔，如果是我自己的丈夫或孩子死了／我也不會做這被禁止的事。／為什麼呢？因為若丈夫死了，我可以再找一個；孩子沒了，我可以和別人再生；／但是，父母都過世了，我要到哪裡找／另一個兄弟？」失去丈夫，並非無路可走。即使在古希臘，丈夫也只是暫時性的（雖然情況不如小茉這個時代頻繁）；失去丈夫當然痛苦，但還**有法挽救**。但若

譯27　《東倫敦人》角色之一，性情溫順害羞，性格善良溫暖，卻命運坎坷。飽受第一任丈夫殘酷家暴的她，某日終於忍無可忍，在他準備再次毆打她時，以熨斗猛擊他頭部，因此被控謀殺未遂。

譯28　古希臘悲劇，為三大悲劇作家索孚克利斯的三聯劇之一，故事發生在伊底帕斯（Oedipus）弒父娶母的悲劇後十多年。話說伊底帕斯刺瞎雙眼離開底比斯後，將兩子兩女交給攝政王克里昂（Creon）撫養，兩子長成後，為了王位相戰，雙方皆亡，伊底帕斯的女兒安蒂崗尼，堅持埋葬率先開戰的波利奈西茲（Polynices），引起克里昂不悅，將她處死。克里昂的兒子乃安蒂崗尼的未婚夫，因救妻未成而自殺，而克里昂之妻聽聞兒子死訊，也自殺而死。

失去父母，就**無法挽回**。這足以讓對家庭的責任，凌駕對丈夫的虧欠嗎？也許這樣冷靜的計算是不夠的，還得再加上另一個理由：一位**被揀選**的伴侶、一位暫時且原則上可替換的生命旅伴的需求，比起來自深不可測的過往的需求，要來得輕盈許多：「這法令並不是天神下的。那和世間眾神同在的正義之神，也不知道有這種法令。／我不認為你的法令有強大到／能否決掉天神制定的永恆不變的不成文律法，／你不過是人而已。／神的律法不是只在昨日或今日，而是永久的，／雖然沒有人知道它們從哪來。」

這裡你可能會說，小茉和安蒂崗妮並不一樣。確實，亞伯特廣場的居民幾乎沒人提過神（就算有，也很快在這齣肥皂劇消失不見，因為那擺明了不合適）。在這個廣場，就像我們城中許多其他的廣場和街道一樣，上帝都隱藏已久，[譯29] 祂不帶手機也不顯示號碼，因此沒人能有效宣稱確切瞭解祂的指示究竟為何，如果聽得到這些指示的話。比起對被揀選伴侶的責任，家人的權利可能來得持久些，但在亞伯特廣場上，這兩者都似

譯29　包曼此處原文挪用了 Deus absconditus 的說法，即拉丁文「隱藏的上帝」之意。以《沉思錄》（*Pensées*）聞名的法國十七世紀學者巴斯卡（Blaise Pascal）這麼解釋「隱藏的上帝」或「神的隱藏性」：「由於神是隱藏的，任何不肯定神是隱藏的宗教，並不真實；任何不解釋為何神隱藏的宗教，沒有教導性。」

乎與神的制裁無關。小茉的慘境，並非來自對神的恐懼。所以，小茉這場戲到底哪裡——如果有的話——重演了安蒂崗妮的悲劇？

在安蒂崗妮故事的索孚克利斯版本中，報信者上台總結這個故事的意義，也預測並回答我們的問題，這個問題不像那些用來敘述它的淺白文字，它是永不過時的：「人的生命是什麼？它好好壞壞，／捉摸不定，無法讚美或咒罵。機遇會把人推向巔峰，也會讓他摔落谷底，／沒人能從現狀預測未來。」

因此，潛伏在小茉與安蒂崗妮的困境背後的，是未來，那令人恐懼、不可知且無可理解的未來（也就是如列維納斯所強調的，「絕對異己」的縮影、典範、最完整的化身），而非過往的尊嚴，不管有多麼神聖。「沒人能從現狀預測未來」——但也沒人能欣然承受這種不可能。在不確定之海中，人們尋找小小的安全之島來拯救自己。有較長歷史可供誇耀的，是否比其他的（例如一個顯然「人為的」、「只在昨日或今日的」）更容易毫髮無傷地進入未來？我們對此一無所知，但也無法抗拒這樣的念頭。無論如何，在無休無止、無盡受挫地尋找確定性時，我們其實沒什麼選擇……

在聽到法官做出不利判決後，小茉說出「我很抱歉」這句話的對象，是她的父親……

在德文中,「姻親」是對立於「親屬關係」的特殊成員。

「姻親」是**有條件**的親屬關係——就是說,**有但書**的親屬關係……(德文 Wahl verwandschaft〔選擇性的親屬關係〕,英譯時變成 elective affinity〔**選擇性**的姻親〕,不但錯誤又會誤導人,擺明了是個冗字,因為**姻親**本來就是選擇性的;只有**親屬關係**才是不管你想要與否,都早已完全**命定**……)譯30。選擇就是這個條件的要素:是它把親屬關係轉型成姻親。然而,它也違背了姻親的意圖:姻親本來想要像親屬關係一樣,無條件、無法改變,又不可破裂(最後,姻親會織入族譜,變得和親屬網路無所區分;這一代的姻親會變成下一代的親屬)。但即使是婚姻,都不像神職人員所說是天注定的——人類把什麼綁在一起,也可能、也會、也將在有機會時解開。

人們會很希望親屬是可選擇的,但也會希望這個選擇的結果就像親屬本來就已是的那樣堅定、經久、可信、持續、永不破裂。這是所有「選擇性的親屬關係」特有的矛盾性——也是它永不消褪的特徵(是榮也是枯;是福也是禍)。選擇此一創

譯30 *Die Wahlverwandschaft* 是歌德(Johann Wolfgang Goethe)著作《親和力》的原名,*Elective Affinity* 為該書英文版書名。另,elective affinity 一般譯為「選擇性親近」,此處依上下文脈絡譯為「選擇性的姻親」。

建行動，既是姻親的誘惑力，**也是**它的詛咒。選擇所擁有的記憶，是它的原罪，注定會影響深遠，為已是最光明的共處──即「姻親」──蒙上陰影：選擇不像親屬的命運，它是條雙向道。人們永遠可以掉過頭來，而這種可能性使得保持方向的任務更讓人膽寒。

　　姻親來自選擇，這是條無法切斷的臍帶。除非這選擇每天重來，還屢屢採取新的行動確認，否則姻親將會凋零飄散，直到完全瓦解。想永保姻親長存的念頭，預示天天不斷地掙扎，一刻都不得鬆懈。在這個憎惡任何固定持久、無法立即使用、必須無盡努力的事物的液態現代世界裡，這種姻親前景並非人們真心想望。建立姻親紐帶，表示想要製造類似親屬關係的紐帶──而且還願意付出代價，那就是日復一日的苦差。一旦失去意願（或者，有鑑於所提供和所接受的訓練，該說是資產的償付能力），人們會在實踐意圖前多想一下。

　　因此，同居（「讓我們看看**它**行不行得通，又會發展成啥樣」）有著姻親紐帶所缺少的吸引力。它意圖單純，不需誓言，若是有宣言的話，也並不莊嚴，沒有附帶條件，也不受束縛。它往往沒有集會見證，也沒有權威人士來為此結合聖化。你要的不多，你不求什麼，所以需要償還的貸款也比較少，還清貸款所需的時間也比較不嚇人。在「同居」時，未來的親屬關係都不會造成陰影，不管你對它是熱切期望，還是心存恐

懼。「同居」是「因為想⋯⋯」，不是「為了要⋯⋯」。未來的所有選項都保持開放，過去的一切都不會造成阻礙。

橋必須完全跨越兩岸，否則就毫無作用——但在「同居」時，彼岸被包覆於永不消散的霧中，一陣沒人希望它化開、也沒人會去試著吹跑並驅散的霧。我們無從知道若霧散開，會看見什麼——也無從知道霧中是否真的藏有什麼。那裡有彼岸嗎，或者只是個複館蜃樓（fata morgana）[譯31]，一個從霧變出來的幻覺，一個讓你在變幻雲端中看到奇詭形體的想像虛構？

同居也許意味同在一條船，共享凌亂的餐桌和床鋪；也可能意味共同航行，共享旅程的甘苦。但它並不意味穿越此岸到彼岸，所以它的目的也不是充當（缺席的）實體橋樑。記載過去冒險的航海日誌或許存在，但當中只會例行性地提到旅程及目的港口。遮蔽——未知——彼岸的霧可能會變薄、散去，港口的輪廓可能會浮現，停泊的決定可能會做出，然而這一切都不會、也沒打算被寫在航海手記裡。

姻親是一座橋，導向親屬關係的安全港。同居既不是這樣一座橋，也不是建橋所花的工。「同居」的共處和親屬的共

譯31　一種複雜的蜃景，幻像會經多次變形，一般都屬垂直方向，讓目標物如斷崖等看來有如城堡。之所以稱為 fata morgana，是因為一義大利詩人常在米西那海峽附近看到此景，認為是仙女瑪加納的海底水晶宮（Morgan le Fay），而衍生此稱。

處，是兩個有著不同時空的宇宙，有其各自的律法與邏輯。沒有事先籌畫好的通道，可以從這到那──雖然有人可能在無意中，就碰上或躍上一條通道。我們無從知道，或至少不會事先知道，同居會變成一條康莊大道還是一個死胡同。重點在於渡過同居時日的方式：你得裝作兩者間的差異沒什麼關係，以致於「同居到底是什麼」的問題根本無足輕重。

正統姻親關係的退流行與缺乏實踐，必然造成親屬關係的窘境。缺少輸入新血的固定橋樑，親屬網路脆弱且受威脅。親屬網路的界線變得模糊且未定，處於一種沒有清楚財產所有權和繼承權的狀況──一個邊疆；有時會變成戰場，其他時候則是同樣難堪的法庭戰爭之地。親屬網路無法確定其存續機會，更別說計算自己的預期壽命。那種易毀性使它們變得更珍貴。現在的它們脆弱、精細而嬌貴；它們激起人們的保護感；它們讓人想擁抱、愛撫、哄誘；它們渴望得到愛的關懷。它們不再像以前那樣狂妄自誇，在那時，我們的祖先還得奮力掙脫家族那僵硬又強制的擁抱。它們不再對自己有信心，而是痛苦地意識到，只要一犯錯，就會危及自己的存續。它們不再使用眼罩和耳塞──而是殷切地張望打聽，滿心想改正自己，也準備好報答以同等的愛和關懷。

弔詭的是，或不那麼弔詭的是，當姻親的磁吸力和推動力變小，親屬的拉力和掌握力就上升……

所以我們就這樣,在這兩個眾所周知分距兩端、時有爭吵的世界間,不斷左右搖擺、不安地調整,兩端都令人想望也被熱望——但它們之間卻沒有清楚籌畫好的通道,更別說是固定的軌道。

三十年前（在《公共人的衰微》〔*The Fall of Public Man*〕），桑內特（Richard Sennett）寫道，「親密性的意識型態」（ideology of intimacy）的到來，會「讓政治範疇質變成心理學範疇」。[10]

那種新意識型態產生的特別不祥的結果是，「共同認同」（shared identity）取代了「共同利益」（shared interest）。桑內特警告道，以認同為基礎的團體將成為一種「對選擇的群體的同理心，同時也拒絕那些不在此特定範圍者」。「局外人、無名者、相異者，變成要被避開的人。」

幾年後，安德森（Benedict Anderson）造了新詞「想像的共同體」（imagined community）來解釋這個謎：自我會認同一個由陌生人組成的大群體，相信自己和此群體分享某件重要到足以讓自己用「我們」來稱他們的事，而我這個發話者，則是他們的一部分。安德森視「對分散的陌生群眾的認同」為一個待解釋的謎，乃是對桑內特預言的間接確認，事實上，更是種致敬。在安德森發展他「想像的共同體」這個模型的時代，非個人的連結與紐帶的潰散（以及正如桑內特所會指出的，「戴

10　Richard Sennett, *The Fall of Public Man* (1974; Random House, 1978), pp. 259 ff.

面具」的「文明」藝術的潰散,這種藝術讓陪伴既受保護又被容許),已到了某種更新的階段,以致揉肩拍肩這類肢體接觸、緊密、親密、「誠摯」、「剖開內心世界」、公開祕密、強制性且義務性的自白,很快變成人類抵擋寂寞的唯一防備,以及能夠織就人們渴望的共處的唯一紡線。我們可以把這個比相互自白圈更大的整體,想成不過是一個膨脹、延展的「我們」,想成不過是被誤稱為「認同」的相同性(sameness)的誇大。將「無名者」包含在「我們」的唯一方式,就是把他們當成將會加入自白儀式的伙伴,只要被要求分享自己的真心真意,一定會揭露出類似(又如此熟悉)的「內在」。

這種以相互鼓勵的自我揭露為基礎的內在自我的交流,可能是愛的關係的核心。愛可能在這自我永續(或幾乎自我永續)的故事分享的孤島上,生根、發芽、抽長。但就像當道德規定的兩人關係擴張到包括第三者,並因此準備要面對「公共領域」(public sphere)時,它會發現自己的道德直覺和衝力,都不足以面對並處理公共領域衍生的非個人正義的議題,這種愛的交流也一樣會發現自己還沒準備好面對外在世界,既沒想好對策,也缺乏如何應付的技能。

在愛的交流裡,視不合和意見衝突為轉瞬即逝的一時發炎很自然,但視其為需要採取醫療行動以恢復正常的召喚也同樣自然。自我之間的完美融合似乎是種可實現的展望,只要有足

夠的耐心和奉獻——而這些都是愛自信能供給充足的特質。即使愛人在心靈上的相同還有路要走，也絕對不會是個閒夢或狂想。那當然可以達成——因為愛人有作為愛人的能力，所需的資源早已在手。

但你可以試著伸展對愛的正當期待，好馴養、馴化那些充斥在愛之島外的世界裡的揪心見聞，為它們解毒……你將會發現，愛那萬無一失的戰略在此並沒什麼用。在愛之島，一致、瞭解和夢想中的二合為一，可能不會太難，但在廣大無邊的外在世界中，則難如登天（除非被一枝魔杖一點，進入哈伯瑪斯〔Jürgen Habermas〕尋找共識的研討會）[譯32]。這種你我（I-Thou）共處的工具，不管運用得再怎麼完美、再怎麼無懈可擊，在面對相異、差別、不一致時，仍是毫無作用，而正是相異、差別、不一致，分離了一個個潛在的「你」所構成的群眾，並使其就戰鬥位置：處在攻擊，而非交談的狀態。處理只造成短暫不適、很快就會消散的爭論所需的技術，截然不同於處理永遠無法排除的不合（表達出自我主張的決心）所需的技術。追求一致的願望，把人們拉在一起，並驅策他們更努力。對合一的懷疑（人們因為明顯缺乏追求合一的工具而產生懷

譯32 哈伯瑪斯在溝通行動（communicative action）理論中，提出公共領域的理性溝通學說，主張溝通行動的目的在於獲致共識。

疑，而這種懷疑又強化了缺乏工具的意識），驅使人們離開彼此、遠遠避開。

對合一之可能性的不信任，造成的第一個後果，是生活世界（Lebenswelt）[譯33]的地圖被切分成兩塊大陸，且大多彼此隔離。一塊是竭盡所能尋求共識（雖然其技能多半〔可能還總是〕是靠親密來習得並學習）——而且還假定共識已經在「那裡」，由共同認同所預先決定，只是等著被喚醒好重申自己。另一塊則是已先驗地放棄心靈合一的期望，因此也放棄了所有顯露或從頭建造它的努力，所以人們唯一可能有的互動，是攻擊，而不是交談。

無論如何，這些日子，這種**姿態**（posture）的雙重性（被理論化為個人性的使用，當作是**人類**的區分）似乎——和人類鄰近與距離的空間面向一起——逐漸成為日常生活的背景。不只在遼闊無邊的全球邊疆上，也在草根層次上、生活政治的範圍裡，行動的環境成了充滿潛在敵人與朋友的容器，其中浮現的結盟與流動的敵意，被預期總會結合一段時間，只是會再一次溶解，好讓出空間給其他不同的結合。被預先決定、只不過等著被實體充滿並揭示的「**相同性**社群」（community of *sameness*），逐漸為「**偶發性**社群」（community of *occasion*）

譯33 胡塞爾提出的概念。

所取代，後者被期待圍繞著事件、偶像、恐慌或時尚而自我構成：它們是形形色色的焦點，但預期壽命同樣短暫，且益發短暫。情緒使它們成為關注焦點，但它們不比這些情緒持久；情緒也使得「相關」利益集中、結合，雖然這些利益轉眼即逝，卻依然強烈。

那些來去不定的，讓既滿足自由驅力、也滿足歸屬渴望變得可能——還能遮掩（若不能完全彌補）上述兩種熱望的欺騙性。

在「上網」及「網路漫遊」的全神貫注與心力耗盡中，上述這兩種驅力得以融解、混合。「連線」的理想，奮力掌握這兩個對立物間艱難而紛擾的辯證。它允諾一種在寂寞與承諾的暗礁間、在遭排除的天譴與被緊抓的魔掌間的安全（或至少不致命）航行，允諾一種無法挽回的疏離與不可改變的依附。

我們在網路上聊天，也有聊天的「網友」。就像網路上癮者知道的，網友上線下線，來來去去——但總有幾個老是渴望用「訊息」淹沒沉默。在「網友」這種關係中，訊息本身並非訊息，訊息的來去、訊息的**流通才是訊息**——別管內容。我們屬於話語和未盡句子（無疑地，簡寫、刪節可使流通加速）的平穩流動。我們屬於談話，而不是談**什麼**。

別把這個時代的偏執，和桑內特三十年前所擔憂的強迫性自白與私密的揮霍搞混了。出聲、發訊的目的，不再是放送靈魂內在，好讓伙伴檢視並認可。說出或打出的字句，不再是奮力報告靈性的發現之旅。就像（《衛報週末版》上）摩斯

（Chris Moss）令人崇敬的金句：[11] 在「我們的網路聊天、行動電話、全天候的簡訊」中，「自省已被一種狂亂、膚淺的互動所取代，後者是除我們的購物清單外，最能暴露我們最深祕密者」。我想說明的是，那種「互動」雖然確實狂亂，卻可能不那麼膚淺——一旦你瞭解且記得其重點（也是唯一的重點）是讓聊天持續。數據通訊業者不是聖化聊天這種結合之不可侵犯的神職人員。這種結合唯一的支柱，就是閒聊和打字；只要撥號、交談、簡訊存在，它們就跟著存在。停止交談——你就出局。沉默等於被排除。確實，「文本之外無他」——雖然德希達（Jacques Derrida）講的不是這個意思……

11　*Guardian Weekend*, 6 Apr. 2002.

> 《觀察家雜誌》（*OM*）這份由最受尊崇喜愛的週日報之一所附贈的炫目雜誌，目標讀者設定為奢華人士之流或布魯斯貝利（Bloomsbury）、切爾西（Chelsea）居民，以及所有其他閒聊不休的階級，而他們也確實熱烈閱讀、討論這份雜誌……[譯34]

隨手拿本 2002 年 6 月 16 日那期的《觀察家雜誌》——雖然在此，日期並不重要，因為它的內容沒多大變化，除了生活政治，不受正在發生的大歷史的撼動、躍進、轉捩點以及其他所有政治的影響。巨型政治的時光只是從它身邊加速或減速經過而已……

週復一週的《觀察家雜誌》，「生活」區塊占了半本。編輯解釋：「生活」乃是「現代生活指南」。這個區塊又分為幾個次欄：首先是「時尚」，告知「化妝趨勢」的各種試驗與考驗，以及掛在其下的次次欄「她的時尚」，勸誡讀者「去特別的地方買對的」鞋子。這之後是次欄「裝潢」，插曲般簡短地介紹「娃娃屋」。接下來是「庭園」部分，給予讀者如何「保持外觀」和「讓賓客讚嘆」的忠告，雖然令人厭惡的事實是「庭園

譯34 《觀察家雜誌》是《觀察家報》（*The Observer*）所附的雜誌。布魯斯貝利與切爾西皆為倫敦高級地段。

工作永無完盡」。再下來是「食物」次欄，緊隨的是建議外食時到哪找好吃的「餐廳」部分，以及去哪找在家品嘗的好酒的「美酒」部分。抓住這些重點後，讀者已準備好精讀接下來的三頁「生活風格」次欄——統稱為「愛、性、家庭、朋友」，沒有再細分成其他次次欄。

本週，「生活」的主題是「半黏伴侶」（SDC〔semi-detached couple〕），他們是「關係革命者，戳破了令人窒息的『伴侶幻想』」且「走自己的路」。他們的兩人關係只是兼差。他們憎惡共有一個家、分擔家計的想法，寧可保持各自的住居、銀行戶頭和朋友圈，只在自己想這麼做時，才和對方共享時間與空間——不想的時候則免談。就像老式工作在今日被分割成一序列彈性時段、派遣工作或短期計畫，或像老式的房地產購買或租賃如今傾向被分時共享及套裝假期所取代——「至死方離」的老式婚姻，已被自我宣告暫時性的「讓我們看看它行不行得通」式同居所排擠，也被一種兼差式、時間彈性的「湊在一起」所取代。

可以料想得到的，專家的意見十分分歧。這些意見從歡迎半黏伴侶這種模型，彷彿終於尋得涅槃（既不用做出真正的妥協，又不會喪失獨立性），一直到非難半黏伴侶的怯懦都有：說他們不願面對創造並永保一種完全成熟的關係的必然考驗和艱苦。不論是贊成或反對的理由，專家都費心追索、嚴肅考慮

並仔細秤量,儘管他們並未對半黏伴侶生活方式做出人際環境影響評估(就我們這個時代對生態議題的驚人敏感度來說,這點頗令人意外)。

在「生活風格」說出重點後,還需要什麼來填補「生活」的空白?其他次欄包括「健康」、「身心靈」、「營養」(備註:這些是獨立在「食物」、「餐廳」、「美酒」之外的次欄)及「品味」(全都是家具廣告)。完結此區的,是「占星」:在此,依據讀者的生日,有些人被建議「別再慢吞吞——現在,機動性最重要。你必須疾走飛奔,快講手機喬好事情」,而其他人則被告知「這是屬於你的時光——新機處處,沒太多老問題拖累你樂觀的靈魂」。

II
出入社會性的工具箱

性人（homo sexualis）：失怙與喪親

正如李維史陀（Claude Lévi-Strauss）所言，兩性的聚合是自然與文化的首度交會，也是所有文化的起源與出發點。性是人類天賦本能中的第一元素，其上雕刻著人造、傳統、武斷的區分，這是所有文化的首要產業（其中最醒目的就是文化的第一步：將女性歸類成適合與不適合同居行房的亂倫禁忌）。

顯而易見地，性之所以扮演這個角色並非偶然。在人類的許多「天賦」驅力、性質、傾向中，性欲一直以來都是最明顯、最毫無疑問、最無異議地**社會**的。它延伸到另一人身上；它需要另一人的臨現，它努力結合那臨現。它渴望共處；它讓一個人殘缺而不完整，不論他成就有多高且在其他方面都能自給自足，除非他與另一人結合。

兩性的相遇產生了文化。在那相遇裡，文化首次發揮它分殊的創造藝術。自此以後，在任何與性有關的事情上，文化與自然的密切合作就未曾暫歇，更從未被棄置不顧。性愛的藝術（ars erotica）這個出類拔萃的文化造物，從那時候起就引領性趨力在人類的共處中尋求滿足。

頂尖的德國性學家齊古希（Volkmar Sigusch）說，除卻一些零星的例外，我們的文化「所產生的，並非性愛的藝術，而乃性的科學（scientia sexualis）」。[1]

看來似乎愛神的兄弟，那「為遭拒之愛進行報復」的安提若思（Anteros），已從祂那被罷黜的兄弟手中接掌了性王國的管轄權。「在今日，性已不再象徵可能的歡樂與幸福。它已不再被正面地神祕化成狂喜和踰越，而是被負面地詮釋成壓迫、不平等、暴力、虐待和致命傳染病的根源。」

安提若思一般被認為是個極其熱情、好色、激動且易怒的傢伙，可是一旦祂成為王國中無可爭議的君主後，祂就必須禁止臣民的熱情，必須宣告性是一種理性、冷靜算計、評估所有風險、循規蹈矩的行動，尤其是一種全然被去神祕化與除魅的行動。「科學家的凝視，」齊古希說，「永遠冷漠而超然：凡事皆無祕密可言。」結果呢？「今日人人都知情，卻無人摸得著頭緒。」

但冷漠姿態與超然觀點所帶來的這種令人沮喪的結果，並

---

[1] Volkmar Sigusch, 'The neosexual revolution', *Archives of Sexual Behaviour*, 4 (1989), pp. 332-59.

未減損安提若思和祂的代理人「性科學」的威權——而其虔誠、感恩、引頸企盼的信徒也沒減少。人們對安提若思及其代理人履行職責的需求（他們希望自己的需求能以更新、更好但「多少還是維持原樣」的方式獲得滿足）不減反增，因為它們一再無法兌現承諾。「性科學依然繼續存在，因為性的苦難拒絕消失。」

性科學承諾解救性人脫離苦海；它一直如此承諾，而它的承諾也持續被信賴，理由很簡單，因為性人被從人類的其他形式切割出來任其自生自滅以後，已成為科學審視下的「自然客體」——只有在實驗室和治療師的診療室裡才會感到安適，只有在科學家操作的放映機下才能被自己與別人看見。除此之外，失怙與喪親的性人無處可尋求忠告、救援和幫助。

失怙：遭愛神遺棄。愛神當然還沒死亡。但被從祂繼承的領土驅逐出境以後，祂被判遊蕩在外流浪街頭，永遠無止盡、永遠徒勞無功地尋找庇護所——就像永世流浪的猶太人阿哈斯瓦爾（Ahaspher）。[譯1] 愛神現在隨處可見，但不在任何地方久留。祂居無定所——如果你想跟祂連絡，請寫信到郵件留存待領處靜待回音。

喪親：被剝奪未來。也因此被剝奪了期望與承諾，那些未

譯1　基督教傳說中的人物，由於他在耶穌被押赴釘十字架刑場途中對耶穌辱罵，因而被罰永世流浪，直到世界末日。

來正當而獨占的財產。父職與母職的幽靈遺棄了性人——這些永恆與至高無上者的信差以往總是盤旋在性行為上方,在肉體結合時留下祂們的超現實奧祕以及專屬標記:信賴與憂慮、欣喜與畏懼的崇高混合。

近來醫學致力與性爭奪「傳宗接代」的掌控權。

醫學界人士目前與性人爭奪人生大戲的主要作者角色。勝負早可預見：原因一方面在於醫學的發達，一方面則在於消費生活的市場學校裡的在校生與校友對醫學的期待與渴望。近在眼前眩人耳目的美景是（再次引用自齊古希），「正如他們（當代消費者）習慣從郵購目錄或時裝雜誌下訂單一樣，他們也有從誘人的捐贈者名冊中挑選小孩的機會」──而且可以在自己選擇的時機獲得自己所選擇的小孩。要經驗豐富的消費者不渴望這一天的來臨，簡直是違反其天性。

曾經（在家戶／工坊、家族農場的時代），子女是生產者。

在那個年代，勞動分工與家庭角色分配重疊。子女必須加入家戶這個經濟體以增加工坊或農場的勞動力——所以在以勞力取得或擠榨出財富的年代裡，人們認為小孩的誕生能增進家庭的福祉。小孩有可能被嚴厲對待、綁在身邊，但其他勞動者的待遇也所差無幾。人們不會期待工作帶來欣喜，或是為受雇者提供樂趣——「職業成就感」這個概念在當時還沒發明。但每個人都認為子女是項好投資，並因而歡迎他們。越多越好。再者，理智告訴人們要兩面下注以避免風險，因為預期壽命短，無人可預測新生兒是否能活到足以對家庭收入做出實質貢獻。對聖經作者而言，神對亞伯拉罕（Abraham）的允諾，「我必叫你的子孫多起來，如同天上的星，海邊的沙」，絕對是個賜福——雖然許多現代人會在這允諾裡感到一絲威脅、一點詛咒，或兩者皆有。

曾經（在家族財產沿著族譜一代傳一代的年代、在社會地位世襲的年代），子女是死亡與不朽之間的橋樑，是可憎的個人短暫生命與家族永恆存續（但願如此）之間的橋樑。無後意味著永遠無法搭建這樣的橋樑。一個無子嗣男人的死亡（雖然

無子嗣女人的情況不盡相同,除非她有女王之類的地位)意味著家族的死亡——最重要的責任被疏忽,最必要的任務未達成。

　　縱使新近家庭結構脆弱,縱使許多家庭的預期壽命比家庭中任何成員的預期壽命都還來得短暫,縱使家族世系的成員身分變成液態現代紀元中的「未定者」(undecidable)之一,縱使對越來越多人而言,效忠數個既存親屬網路中的任一個變成是個人選擇的問題,而且是**可撤回**、可更改的選擇——子女或許仍是通往某個更持久之物的「橋樑」。但是那座橋樑通往的彼岸,籠罩著沒人期待會消散的雲霧,所以它不可能激起多少情感,更不可能滿足什麼能刺激行動力的欲望。如果忽然颳起一陣強風把霧吹散,也沒有人能確知到時會顯露出什麼樣的彼岸,或是薄霧中能否浮現一塊夠穩固的土地來支撐一個永久的家園。通往無處的橋樑,或是不通往任何特定之處的橋樑:誰需要它們呢?為何目的?誰會想耗費時間與大量金錢來設計並建造它們?

在我們的時代，子女主要是情感消費的對象。

　　消費對象能滿足消費者的需求、欲望或是願望；小孩也是一樣。人們之所以想要小孩，是希望小孩能帶來為人父母的喜悅——這是種其他消費對象都無法提供的喜悅，無論它們有多巧妙精緻。讓商業人士感到惆悵的是，商品市場無法提供價值等同的替代品；不過，在真品的生產與保養上，商業世界的攻城掠地，讓這惆悵稍稍得到些補償。

當論及消費對象時，我們往往會衡量成本與預期能得到的滿足；我們講求「物超所值」。

小孩是一般消費者終其一生可能會購買的最昂貴物品之一。用純粹金錢的角度來看，小孩比一輛最先進的豪華轎車、一場環遊世界的遊輪之旅，甚至一幢傲人的宅第都還來得昂貴。更糟的是，總成本可能會隨著時間而增加，它的總額無法事先確定，也無法做任何明確的估價。在一個不再提供可靠職業生涯與穩定工作的世界裡，對於在一個又一個計畫間轉換、謀生的人而言，簽署一個包含未公開且不明確之長期還款內容的抵押契約，就代表讓自己置身於極不尋常的高風險以及焦慮恐懼無止無盡的淵藪之中。在簽約之前，人一定會三思，而越考慮，就越明白可能的風險；而不管如何深思熟慮，都無法消除一定會混雜在喜悅中的疑慮。再者，生養小孩在我們的時代是項決定，而不是意外──這種情勢使得焦慮雪上加霜。生養子女與否，可說是影響最鉅、最深遠的決定，同時也是人一生中最叫人神經緊繃、倍感壓力的決定。

此外，並非所有成本都是金錢，而非金錢的成本根本無以衡量計算。我們所受到的訓練，是成為一個理性的行為者，而我們也努力試著達成這個目標，但非金錢的成本，讓我們努力

學來的能力與習性根本毫無用武之地。「建立家庭」，就像魯莽地跳入未知而深不可測的海域。它會帶來許多可能後果，其中之一是必須放棄或延緩一項未曾嘗試、未知而不可預測之吸引物其他誘人的消費樂趣，而光是這一點，便是一項與審慎消費者習慣極度衝突的莫大犧牲。

生兒育女意味著把另一個孱弱、不獨立個體的福祉與自己的安逸放在天平的兩端。個人偏好的自主權必然會被一而再地波及：每年；每天。最可怕的是，人可能會產生「依賴」。生兒育女可能意味著必須降低自己的職業野心，「犧牲工作」，因為當你的忠誠不再專一在工作上時，評估你考績的人將會面露不悅。最惱人的是，生兒育女代表在一段不確定的時間裡得接受這種會分散忠誠的依賴性，進入一個開放式、不可撤回的承諾，沒有「等候另行通知」這項附加條款；這是一種違反液態現代生活政治本性的責任義務，一個大多數人在生命的其他展現方式中大部分時間會去積極迴避的責任義務。意識到這種承諾，可能會是個慘痛經驗。產後憂鬱症與產後婚姻（或伴侶）危機看來是「液態現代」的專有病症，如同厭食症、暴食症以及數不清的各種過敏症。

為人父母喜悅的附件，似乎是犧牲自我的悲傷與對未知危險的恐懼。

　　冷靜而可靠的計算得失，永遠頑固且惱人地超出準父母的能力與理解範圍之外。

　　消費者在購買任何商品時都有風險——但是販售其他消費財（特別是那些被誤稱為「耐久」財）的生意人，總是熱切地向待上鉤的顧客，保證風險已被降到最低。他們提供保證書、延長保證期服務（雖然他們當中只有少數人能摸著良心發誓，提供保證書的公司能經營到保證期限截止，且幾乎無人能向顧客擔保所購商品本身能維持足夠的魅力，不在那之前被丟進垃圾桶）、退款保證，以及長期或終生售後服務。無論這些保證可信與否，生兒育女這檔事連這些保證也沒有。

　　難怪醫學研究機構與產科診所裡充斥著商業公司的資金。把生兒育女特有的風險降到至少跟上架商品一樣低，這樣的需求幾乎是無止盡的。能提供「從誘人的捐贈者名冊中挑選小孩的機會」的公司，以及能依照顧客訂單量身訂做未出世嬰兒基因組合的診所，都不愁乏人問津或生意冷清。

　　總而言之：性與傳宗接代間之所以出現這種眾所周知的分離，背後乃是有極大的力量在推動。它是以下兩者的共同產

物:一個是液態現代生活的場景,另一個則是在「企圖以個人傳記的方式來解決社會導致的問題」(貝克〔Ulrich Beck〕)時,消費主義被選定為唯一可行的策略。而正是這兩個因素的結合,才導致生兒育女這件事從性移轉到一個完全不同的領域,遵循與性行為完全不同的邏輯和規則。性人的喪親是多重決定的。

彷彿預知了我們這個時代所盛行的模式，佛洛姆試圖解釋「性本身」（就「其本身而言」的性、從其正統功能分離開來的性）的吸引力，他認為性的特質就是透過「結合的假象」來（錯誤）回應對於「完美融合」這種太過人性的「渴望」。[2]

結合——因為這正是所有男女渴望追尋的，在他們極欲逃離曾品嘗過或害怕即將降臨的孤單時。假象——因為在短暫的性高潮中所達成的合一，「讓陌生人依然彼此陌生」，因此「他們甚至比先前更強烈感覺到疏離」。在這種角色裡，性高潮的「功能與酗酒、毒癮沒什麼兩樣」。它也很強烈——但「虛幻、短暫而具間歇性」。[3]

這種結合是虛幻的，而這種經驗最後必然令人洩氣，佛洛姆如此認為，因為這種結合與愛分離（也就是說，與利他之愛〔fürsein〕分離，與刻意持續、無限期地努力讓伴侶幸福的那種承諾分離）。對佛洛姆而言，多虧了性與愛的結合，性才可能是達成**真正**融合的一種工具——而不是短暫、虛假而最終自毀的一種對融合的**印象**。性如果有任何能促成結合的能力，那也都是與愛攜手合作的結果。

2　Erich Fromm, *The Art of Loving* (1957; Thorsons, 1995).
3　Ibid., pp. 41-3, 9-11.

在佛洛姆寫下那些話之後,性已益發孤立於生活的其他領域。

在今日,性是「純粹關係」(pure relationship,這個詞當然是個矛盾的組合:人際關係會充滿、侵略、修正生活世界裡的所有偏僻角落、罅隙,所以絕不可能「純粹」)的典型,甚至可能是其無聲／祕密的原型;而據紀登斯(Anthony Giddens)所言,「純粹關係」已成為人類伴侶關係中最流行的目標／理想模型。現在性被期許著要自立自足,要「獨立自主」,要純粹根據它本身所帶來的滿足感被評判(即使它通常無法達到媒體所鼓吹的期望)。難怪它帶來的挫敗感越來越多,而我們期望能被它治癒的疏離感也越來越惡化。即便在最佳狀況下,性在其獨立戰爭中的勝利也是傷亡慘重才換取的。這個仙丹妙藥,似乎創造了和它原先所允諾要治癒的病一樣多、甚至還可以說更嚴重的病痛。

失怙與喪親曾一度被頌揚成性的終極解放，從父權制度、清教徒、不幸仍屬維多利亞式、掃興而虛偽的社會所看守之監牢中的解放。

　　現在總算有了比純粹還純粹的關係，除了愉悅和享樂以外沒有其他企圖的邂逅。一種沒有任何附帶條件的理想幸福，一種不怕任何副作用且歡欣忘卻後果的幸福，一種「商品如不滿意，可寄回全額退費」的幸福：一種自由的完美典型，如果根據通俗大眾的看法與消費社會的習慣來定義。

　　性被如此解放是無妨的，或許還甚至是令人振奮且全然美好的。問題是壓艙物被拋出船外後，要如何讓船定住；失去了框架後，要如何把性定形。輕快飛舞是歡樂的，迷途航行是惱人的。改變是幸福的，善變是討人厭的。這就是性不可承受的輕嗎？

　　齊古希是一位執業治療師；他每天都看到「純粹性關係」所造成的不幸。他記錄人們的主述――而需要專家介入的苦痛清單不斷加長。他的研究結果摘要既冷靜又陰鬱。

　　　　所有目前盛行的親密關係形式都戴著假幸福的相同面具，這面具以前也曾先後戴在婚姻和自由戀愛上頭……當

我們近看並把面具摘下時，卻發現未曾得到滿足的渴望、精疲力竭的神經、失望的愛、精神創傷、恐懼、孤單寂寞、虛偽、自私，以及重複強迫症……力求表現取代了狂喜；物理學帥，形上學遜……節制、專情與亂交一律從感官享受的自由生活裡被驅逐出境，而沒有任何人瞭解那種自由生活的真貌。[4]

技術關心的問題跟情感不同。專注於表現不給狂喜留下任何時間或空間。物理學並非通往形上學的道路。性的誘惑力以往來自於情感、狂喜與形上學──正如現在也可以如此，但如今神祕感消失，所以渴望注定無法被滿足……

當性代表身體的一項生理事件，而「感官享受」只能引發一陣愉悅的身體感受時，性並未卸下不必要、多餘、無用、累贅而拘束的包袱。相反地，它**負荷過多**。被超出它所能滿足的期望壓得喘不過氣來。

性與愛、安全感、恆久以及創造宇宙繼起生命之間的密切關連，畢竟不如以往所認為、所感受、所指控的那麼無用而令人透不過氣。性那些老舊的、據說已過時的同伴，或許正是它必要的支柱（並非為了讓表現技術完美，而是因為性具有能讓

4　　Sigusch, 'The neosexual revolution'.

人滿足的潛能）。或許不管有沒有「附帶條件」，性裡面所特有的矛盾衝突都不可能被解決（減輕、緩和、抵銷）。或許這些條件乃是文化獨創性的豐功偉業，而非文化錯誤認知或失靈的象徵。

液態現代理性推薦輕斗蓬,譴責鎖子甲。

　　在長期的承諾裡,液態現代理智嗅到壓迫;在持久的執著裡,它看到使人失去力量的依賴性。這種理智拒絕任何束縛與約定的權利,不論是空間或時間的。消費者的液態現代理性想不出任何理由,可以證明束縛與約定的需要或用途。束縛與約定使得人際關係「不純粹」——正如它們也會使得即時滿足與同樣可即時淘汰之消費品的消費行為不純粹。「不純粹關係」的辯護律師想說服陪審團以贏得其贊同將難如登天。

　　齊古希相信,遲早有一天,「逃脫理性魔爪的願望與欲望」終將反撲,而且會挾怨報復;當這天到來時,我們唯一的回應方式,只有「訴諸那些和天賦本能與永恆價值有關的觀念,儘管它們已在歷史與政治上徹底遭到腐化」。

　　不過假若這情形真如齊古希所預測般發生了,我們所需要的,將不僅是一個關於性以及可以正當添附在性行為上之期望的新觀點。起碼,性需要脫離消費理性的統治。也許我們需要的還更多:剝奪與去除消費理性現在對人類生活政治之動機與策略的掌控權。不過,這意味著我們的需要,將超過我們在可見的未來裡所能合理期望的。

「逃脫理性（準確地說，是液態現代的消費理性）魔爪的願望與欲望」與性密不可分，因為性跟其他人類活動一樣屬於生產者生活模型的一部分。

無論是「至死方離」的愛，或是建立通往永恆的橋樑，還是同意「接受命運的擺布」、許下不可收回的承諾，在那種生活模型裡都不是多餘的——更不會被視為是監禁性或壓迫性的。相反地，它們曾是勞動人（homo faber）的「天賦本能」，正如它們現在違反消費人（homo consumens）同樣也是「天賦」的本能一樣。它們也絕不是「非理性的」。相反地，它們曾是勞動人的理性應該且必需的裝備或表現。愛與生殖意願是勞動人的性不可或缺的同伴，正如它們所協助創造出來的永續結合乃是性行為的「主產品」——而不是「副作用」，更不是瑕疵品或廢棄品。

有得，必有失。要獲得成就，就得付出代價。

不論我們記得或想起過去蒙受的損失或付出的代價時，伴隨著什麼樣的恐懼與厭惡，最惱人與令人憤懣不平的，其實是今日所負擔的損失和明日所必須付出的代價。衡量過去與現在的痛苦孰重孰輕，試圖找出何者較易忍受，是毫無意義的。每個痛苦在當下都是傷害與折磨。

今日性人的痛苦就是屬於消費人的痛苦。兩者同時誕生。如果要消失，兩者也會並肩消失。

性能力曾是勞動人用來建立與維持人際關係的建築工具。

　　當性需求／欲望被運用在人際紐帶的工地上時,它督促性人盡忠職守,且從頭監工到完成。建築商希望自己努力的成果堅固、持久且(最好永遠)可靠,就像我們對所有建築物的期望一樣。

　　但建築商往往對自己的設計能力太過自負,忽略了未來住民的感受。畢竟,尊敬只是「在乎」這雙刃劍的一面刀鋒,另一面則是壓迫。很多誠摯的倫理意圖都建立在冷漠與鄙夷這兩個暗礁之上,而道德自我需要高度的警覺性和高超的航行技術才能安全穿梭於其間。話雖如此,道德(由對另一人／他者〔anOther〕之責任所命令的利他之愛、一旦開始就運行到底的利他之愛),以及隨之而來的令人屏息、驚嘆的前景,還有不可避免的偏逸脫軌、埋伏突襲和反叛不忠,似乎仍是專為勞動人量身打造的。

　　不復承擔建築任務、極端憎惡建築所需之努力的消費人,或許會以新奇而富有想像力的方式來運用性能力。儘管利他之愛絕非選項之一。

消費主義不在於積累商品（蒐集商品的人還得忍受沉重的行李箱與雜亂的房子），而在於使用商品，並在使用後丟棄它們，以便為其他商品及其使用做好準備。

消費者喜歡生活帶有輕便與速度，也希望輕便與速度能助長並增進新鮮感和多樣性。消費人生活成功與否的衡量標準是汰換率，而非採購額。

商品的可用性通常比消費者使用它們的期限來得長。但一再使用已購商品會阻礙對多樣性的追求，而在每次的持續使用中，新鮮感的外表就會磨損剝落。可憐那些不夠有錢的人，他們注定永遠得使用那些已喪失帶來新鮮處女感受允諾的商品；可憐那些不夠有錢的人，他們被一種商品困住，無法瀏覽似乎永無止盡的齊備選擇。這樣的人被消費社會放逐，是瑕疵的消費者、不夠格且無能的人、失敗者；他們是消費饗宴的富足中消瘦的飢民。

不用長期緊抓著商品不放（且絕對不能長到讓厭煩開始滋生）的人，才是勝利者。在消費社會裡，會變戲法的人是成功的象徵。若非消費財供應商的極端痛惡，名符其實的消費者就會養成租借、而非購買商品的習慣。不同於銷售商，出租商誘人地允諾定期更換最新、最先進的型號。不甘落後的銷售商，

則允諾顧客若「不完全滿意」可全額退費,只要在十天內(但願滿足感不會那麼快消退)退還已購商品。

性的「純粹化」讓性行為可符合這種先進的購物／租借模式。「純粹性關係」是帶有某種可靠的退款保證的性——而享受「純粹性關係」的伴侶可能會覺得安心,因為他們知道,兩人關係那惱人的脆弱,可以由「沒有附帶條件」來彌補。

「安全的性」這一詞的白話意義,近來已被聰明的廣告策略簡化成保險套的使用。若非正中數百萬人的下懷,這口號絕不會如此成功,因為他們渴望確保自己在性方面的豐功偉業不會留下不受歡迎(因為無法控制)的後果。畢竟,一般行銷策略都會把廣告商品呈現為眾所熱望的解決之道,無論是正在困擾著未來買主的煩惱,或是為行銷之故而被設計出來的新煩惱,都可得到解決。

廣告文宣往往以偏概全;行銷所利用的苦痛往往遠大於商品的治癒能力。的確,使用保險套能保護性伴侶遠離愛滋病毒。但性人之所以渴望性的「安全」,是因為性行為帶來許多意外與避之唯恐不及的後果,愛滋病毒的感染只是其中之一而已。當性離開狹窄而嚴密管制的港口,沒有地圖或羅盤地揚帆駛入未知海域時,遠在愛滋病出現並成為普遍之無名恐懼的焦點與標籤以前,性就開始令人感到十分「不安全」。

最令人害怕的恐懼來自於性行為的模稜兩可:它到底是一

段關係的開始,抑或是高潮與終點?它是有意義的連續劇中的一幕,還是一齣單元劇?它是達成目標的手段,或是獨立自恃的行動?無論如何努力嘗試,任何身體上的結合都無法避開社會的框架,無法與社會存在的其他面向切斷所有關係。卸下先前社會地位與社會認可意義的性,封存了成為液態現代生活主要禍害的不確定性,令人倍感折磨與驚慌。

性伴侶的應得權利已成為焦慮的首要來源。如果有的話,身體的結合伴隨著什麼樣的承諾?如果有的話,它用何種方式把伴侶的未來繫結在一起?性關係能孤立於生命的其他追求之外嗎?還是它會闖入生命的其他部分進行滲透與改變?(它有這種傾向嗎?它會被允許這麼做嗎?)

性結合本身是短暫的;在伴侶的生命中,它只是一段**插曲**。正如昆德拉(Milan Kundera)所指出,插曲「並非先前行動不可避免的結果,也不是後續事件的原因」。[5]插曲最棒的地方,就在於它是沒有結果的無玷成胎,以及它本質上的不具傳染性——因此我們可以說,這也是性關係最棒的地方,只要它不脫插曲本色。不過,潛藏的障礙是「某個全然插曲式的事件,其內在也可能包含一股力量,或許在某天會出人意表地變成未來事件的原因」。簡而言之:「沒有任何插曲先驗地注定只

---

5   Milan Kundera, *Immortality,* trans. Peter Kussi (Faber, 1991), pp. 338-9.

能永遠是插曲。」沒有任何插曲完全沒有後續。接踵而至的缺乏安全感是永久的。不確定感永遠不可能完全並永久消失。它只能在一段未知的時間裡被懸擱——但這懸擱本身也充滿疑慮,也因此成為另一個惱人的缺乏安全感。

可以說，婚姻就是接受邂逅所拒絕接受的必然性／後續（至少是宣告接受的意圖——在婚姻持續的時間內）。

在這樣的狀況下，模稜兩可不再，而取代不確定性的，是確定行為在成為過去式以後仍然重要，並且會帶來比其發生原因還持久的後果。不確定性被趕出伴侶的生命，而只要兩人不考慮結束婚姻，這不確定性就不會還魂。

但許多伴侶認為這條件的代價太過沉重，而是否不同意這條件，就無法驅逐不確定性？如果就像昆德拉所說的，我們永遠無法確定一段插曲真的就只是一段插曲，那麼不確定性就無法在不同意這條件的情況下被驅除。但我們仍然可以嘗試，而我們也正在嘗試，且無論成功的可能性多渺小，我們也無法停止嘗試扭轉劣勢。

據說巴黎人比許多人都更努力嘗試，而他們也更具獨創性。在巴黎，交換伴侶（échangisme，在現代兩性平等的觀念下，比起有點陳舊、帶有父權社會暗示的換妻一詞，這個新詞要來得政治正確許多）據說已掀起一股潮流，成為最流行的遊戲、街頭巷尾的話題。

交換伴侶者一石二鳥。首先，他們稍稍鬆脫了婚姻承諾的束縛，因為他們同意讓它的後續變得不那麼必然，而未來特有

的模糊所造成的不確定感也因此不那麼折磨人。其次,他們獲得可信賴的同謀,一起避免性關係那些磨磨蹭蹭、因而可能惱人的後續——因為全體有利害關係的人都是事件的參與者,也因此都希望防止它踰越插曲的框架,所以都會一起避免那些後續。

作為驅逐在性插曲中徘徊不去之不確定性幽靈的一種策略,交換伴侶明顯比「一夜情」和短暫豔遇占上風。在此,避免令人不快的後續乃屬另一人的責任與煩惱,就算在最壞的情形下,它也不是單人的責任,而是與有力且專注的伙伴共同肩負的任務。交換伴侶相較於「婚外情」的優勢尤其明顯。所有交換伴侶者都不會慘遭背叛,沒有任何人的利益會受到威脅,且正如哈伯瑪斯「不受扭曲的溝通」(undistorted communication)的理想模型一樣,每個人都是參與者。三人行有許多陰影與缺陷,這是它的致命傷,但四人行(或六人行、八人行等等——越多越好)可沒有這些麻煩事。

當我們努力的目標與重點是驅散缺乏安全感的魅影時,我們往往會尋求契約制度和法律的支持,因此,一點也不令人意外的,交換伴侶也是一樣。我們加入俱樂部以成為交換伴侶者,在表格上簽名,承諾遵守規定(也希望其他所有人同樣這麼做),然後取得會員通行證,確保所有加入的人同時是玩家,也是獵物。由於裡頭可能遇到的每個人都瞭解俱樂部的目

的與規定,也都承諾奉行之,因此所有爭執或暴力、求歡、危險誘惑,以及其他吉凶未卜之彆扭而令人如坐針氈的序曲,都可以免除。

或者,這只是暫時性的。正如信用卡曾許下的保證一樣,交換伴侶的協定或許能讓人免等立取。就像大部分新近的科技革新一樣,它縮短需求與其滿足之間的距離,加快從需求到滿足的過程,並使之省力些。它也或許能避免伴侶需索多過於短暫豔遇所能允許的好處。

然而,它能否抵抗性人的自我破壞?未被滿足的渴望、愛的挫敗、對於孤獨與受傷害的害怕、虛偽,還有罪惡感,所有這些在去過俱樂部後都可以被拋開嗎?親密、喜悅、柔情、戀慕與自尊可以在那裡尋獲嗎?去俱樂部的人或許會理智地說:別傻了,這是性――就此而言,它跟這個、那個或其他任何東西都無關。但如果他們說得沒錯,那麼性本身重要嗎?或者更確切地說,套用齊古希的話,如果性行為的本質是帶來即時享樂,「那麼到底做了什麼就不再重要,重要的只是**它發生的這個事實**」。

齊古希評論巴特勒（Judith Butler）所著之影響深遠的《重要的身體：論性的論述限制》（*Bodies that Matter: On the Discursive Limits of Sex*）[6]時指出，「根據目前性別論述中居主導地位的女性理論家所言，性與性別皆完全由文化決定，不含任何天賦本質，因此是可變更、瞬息無常、可被顛覆的」。

自然—文化的二元對立似乎並非安置目前性／性別窘境的最佳框架。不同類型的性傾向／偏好／認同有多彈性、多易變更、多取決於主體的選擇，才是真正的爭論點；但是文化與自然的二元對立，以及「這是個人選擇的問題」與「人類身不由己無能為力」的對立，已不再跟現代史的多數時刻裡一樣重疊。在流行的論述中，文化越來越代表身分認同裡繼承的部分，無法也不該被拙劣地修補（除非修補者自擔風險），而傳統上被歸類成「自然／天賦」的（遺傳的、透過基因傳遞的）特徵與特質則越來越被呈現為可由人為操縱改變的，因而可供選擇——一種選擇者必須自覺且被認為必須負責的選擇，正如所有選擇一樣。

6　Judith Butler, *Bodies that Matter: On the Discursive Limits of Sex* (Routledge, 1993).

因此性偏好（展現為「性認同」）是「天賦本能」抑或「文化建構」並不重要。重要的是，性人能否在眾多性認同裡決定（發現或創造）出一個最適合自己的，又或者性人是否像「出生社群」（community of birth）裡的智人（homo sapiens）一樣，注定得擁抱自己的命運，把不可變的命運變成個人使命般過活。

無論用何種詞語來表達性人目前的困境，不管得出適當／可欲性認同的正確方式究竟是自我訓練與自我發現，還是基因與醫學介入，基本問題還是被選擇之任何性認同的「可變性」、短暫性、不可決定性。性人的生命因而充滿焦慮。人永遠都會懷疑——即使這懷疑暫時昏睡、蟄伏——自己活在謊言或錯誤中；懷疑很重要的某種東西一直被忽略、錯過、忽視、未經嘗試與探索；懷疑對本真自我的一項重大義務還未完成，或是懷疑未曾即時把握機會，抓住有別於曾經歷過之幸福的未知幸福，懷疑如果這些機會繼續被忽視的話，就將永不復得。

性人注定永遠不完整而有缺憾——即使到了一大把年紀，到了在以往欲望之火會迅速熄滅、而現今憑著神奇養生法與靈藥可望繼續燃燒的年紀。這段旅程永無盡頭，旅行路線在每個驛站被重新編排，而最後的終點站從頭到尾都是謎。

性認同的缺乏定義、不完整與不可決定性（正如液態現代環境中身分認同的其他所有面向一樣），是一種毒藥與其解藥混合而成的強效抗鎮定劑。

對這種矛盾的覺醒令人緊張不已，帶來無盡的焦慮；它孕育出只能暫時冷卻、但卻永遠無法完全熄滅的不確定性。任何我們所選擇／達致的狀態，都因而沾染對其適當性與智慧的痛苦質疑。但它也保護我們不用遭遇成就低落或失敗的羞辱。當期待的幸福沒有降臨時，我們永遠可以歸咎一個錯誤的選擇，而非責怪自己無能把握機會。我們永遠有機會離開先前追求滿足所走的道路，再試一次──甚至如果前景看好，就乾脆從頭開始。

毒藥加上解藥的綜合效果，導致性人因為推力（「這類型的性並未帶來別人告訴我可期待的巔峰經驗」）與拉力（「我看過及聽聞過的其他類型的性近在眼前──只要我有決心，多下點苦功」）的作用而始終游移不定。

性人並非一種狀態，更不是一種固定、永久不變的狀態，而是一種過程，裡面充滿著摸索，以及一場場驚險的發現之旅，還有偶爾尋獲的寶物，並有無數的失誤、錯失機緣的懊惱以及夢幻美景的快樂點綴其中。

在論及「文明」之性道德觀的一篇文章裡,[7]佛洛伊德（Sigmund Freud）指出,文明的基礎大半在於剝削和運用人類「昇華」性本能的天賦能力:「以其他目標來取代原始的性目標」──特別是以對社會有用的目標。

為了達成該效果,性本能的「自然」發洩管道（包括自體性欲〔auto-erotic〕和客體性欲〔object-erotic〕）被壓抑──被完全戒除,或至少部分封鎖。未開發與未使用的性趣力,於是透過社會建構的管道被轉向社會建構的標的物。「能被用在文化活動的力量,因此大部分經由壓抑那些性刺激中被稱為變態的元素而來。」

在德希達以後,我們有理由懷疑上述論點有致命的循環性。某些「性刺激的元素」之所以「被稱為變態」,是因為它們反抗壓抑,所以無法被運用在已被定義成文化（亦即有價值的）的活動上。不過,此處的重點,是對被置放於液態現代場景的性人而言,區分性本能「正常」與「變態」表現形式的界線幾乎是模糊不清的。所有形式的性活動不但被容忍,而且還

7　Sigmund Freud, '"Civilized" sexual morality and modern nervousness' (1907),此處引用版本為1959年的 James Strachey's Standard Edition。

常被提議為治療心理疾病的有效方法,它們逐漸被接納為個體追求幸福的正當管道,也被鼓勵在公眾場合展示。(戀童癖與兒童色情,或許是唯一仍然幾乎被所有人譴責為變態的性趨力發洩管道。不過在這點上,齊古希刻薄但正確地批評說,這種不尋常的全體一致同意,其內情或許是因為反對兒童色情,「只需要我們動用人道主義那一直以來都有效滋潤著暴力之輪的潤滑油。事實上,只有少數人會認真支持可拯救兒童性命的方案,因為那會耗費金錢,也會因需要接受另一種生活方式而減損我們的安逸。」)

在液態現代時代裡,掌權者似乎不再有興趣劃分「正確」與「變態」的性。理由或許是因為我們越來越沒有必要將多餘的性精力運用在「促進文明的目標」上(意思是:規訓人們的慣常行為模式,使之能在生產社會中發揮功能)——這種新發展是在上世紀初寫作的佛洛伊德所無法預測、更無法想像的。

提供性發洩的那些「對社會有用」的目標不再需要偽裝成「文化目的」;它們驕傲地,且最重要的是,帶有鉅額利潤地,炫耀它們特有或被設計出來的性欲。為了讓汽車裝配線運作而必須將性精力昇華的年代過去後,取而代之的是必須增強性精力的年代,因為人們現在可自由選擇任何手邊的發洩管道,也被鼓勵要狂放,目的是希望離開裝配線的汽車能夠像性對象一樣被垂涎。

佛洛伊德認為，性本能的昇華與壓抑之間的關連，是任何有序之社會安排所不可或缺的條件，但這連結似乎已然斷裂。液態現代社會已經找到一種方法，能在不訴諸壓抑的情況下，或至少大大限制壓抑的程度，來剝削人類昇華性本能的習性／順從性。背後的大功臣就是昇華過程漸進式的去管制化，這過程現在四處擴散，不斷改變方向，引導它的，是所供應之性欲對象的誘惑，而非任何強制的壓力。

待價而沽的社域（communitas）

當品質令人失望時，你會在數量上尋找救贖。當持久的東西遍尋不著時，或許只有變化的快速能拯救你。

假如你在這樣的液態世界中感到局促不安，迷失在許多彼此衝突且彷彿裝有滑輪的路標裡，那就去找個諮商專家，這些專家的生意從來沒如此好過，也從來沒有這麼多專家在提供服務。

以前的算命師與占星家通常會告訴顧客的，是他們無論怎麼做或不做，都早已注定、無法變更且毫不留情的命運；至於液態現代紀元的專家，則泰半一定會把責任推回給那些困惑而茫然不知所措的顧客身上。

顧客會發現自己的焦慮可追溯到自己做過與沒做的事情上，而他們的行事方式必然可找到（也一定會被發現）錯誤：不夠堅定自己的立場，不夠珍惜自己，或是自我訓練不夠，不過，最可能的還是自我調整能力不足，太執著於陳腐的慣例、地方或人，缺乏擁抱改變的熱情，以及在必要時不願意做改變。諮商專家會建議顧客多欣賞自己、多關心與照顧自己、多留意自己追求快樂與滿足的內在能力──還有不要過度「依賴」別人、對於別人受關注與照顧的需求不要太在意；冷漠

點、冷靜點好好計算，在合理的預期收穫與實際的可能損失之間尋求一個平衡點。勤奮用心學習這些課程並如實奉行這些忠告的顧客，從現在起應更常問自己「從中可獲得些什麼？」，並應更堅決要求伴侶與其他人給自己「更多空間」──也就是說，讓自己保持距離，而不是傻傻地相信承諾一旦給出，就一定會被永遠信守。

別讓自己被掌控。避開太緊的擁抱。記住，情感、承諾、約定要是越深刻、越強烈，你的風險也就越高。不要把網路（一條條讓你滑行其上的道路的交織）跟羅網（一種讓你感覺像被關在牢籠中的危險裝置）混為一談。

當然也要記住，把所有雞蛋都放在同一個籃子裡是最愚蠢的事情！

手機響不停（或者你希望如此）。

　　螢幕上的簡訊一個閃過一個。你的手指頭不停忙碌著：你緊壓按鍵，撥打新號碼回應來電，或是自己編寫簡訊。你**保持連繫**——即使你一直移動，即使那些隱形的發話者、受話者與發訊者、收訊者也同樣在移動，大家都遵循著自己的軌跡。行動電話正是給行動中的人們使用的。

　　你絕不讓手機離開視線範圍。你的慢跑服有個手機專用口袋，而你出門時不會讓那個口袋空空的，就像你跑步時不會不穿運動鞋一樣。事實上，沒有手機，你**哪裡都不去**（「哪裡都不去」，其實就是不去沒有手機的地方、手機收不到訊號的地方，或是手機沒電的地方）。一旦有了手機，你就永遠不會**出去**或**不在**。你永遠**在**——但絕非被關在一處。被來電與簡訊的密網緊緊包覆著，你簡直刀槍不入。你周圍的人沒辦法排擠你，而即使他們試著這麼做，真正重要的事情也依然不會改變。

　　你身在何處，周遭有哪些人，在那個充滿這些人的地方做什麼，這些都不重要。這地方與那地方的差別，這些與那些眼前及身邊之人的差別，都已被廢除、宣告無效。在移動物體的宇宙中，你是唯一穩定的點——還有你的延伸（多虧你，多虧

了你!):你的連繫(connection)。雖然與此連繫相接的人會移動,但連繫不會因此受損。連繫是流沙中的磐石。你可以指望它——而且既然你信賴它的堅固,那就大可不必再煩惱當你收發電話或簡訊時,腳下所踩的地面有多泥濘了。

有通去電未被接聽?有封簡訊未被回覆?毋須擔心。通訊錄上還有許多其他電話號碼,而憑著幾個小按鍵,你就可以把似乎無限量的簡訊輸入掌中那小巧的裝置裡。仔細想想(我是說,如果還有時間可供思考的話),你永遠也不可能填滿整個隨身通訊錄,或是用完所有簡訊空間。永遠都可以有更多的連繫——所以即使當中有許多可能是脆弱易斷的,也沒有太大影響。耗損率與速度也不重要。**每一段**連繫都可能是短暫的,但它們的**過剩**是不滅的。處於生生不息之網路的永恆中,即使面對每個短暫連繫那無法彌補的脆弱,你也不會感到受威脅。

當周遭的人群開始讓你感到快發狂的時候,你永遠可躲進那網路中尋求庇護。只要手機安穩地躺在你的口袋裡,你就可做許多事,也因此鶴立雞群——而鶴立雞群正是獲准進入那人群中的條件。

一群鶴立雞群的人:更準確地說,一個**動群**(swarm)。一群自動自發的個體,其維繫不需要指揮官、領袖、演講家、教唆者或是警察線民。一個動態的群體,各個動態單位都做同一件事,卻從不共同做一件事。這些單位不成行伍地邁步向前。

一如往常，群眾趕走或踐踏出眾的人──但動群所能容忍的單位，也正只有這樣的人。

　　手機並未創造動群，儘管它確實有助於讓其維持原狀──動群。動群等著諾基亞（Nokia）、易立信（Ericsson）、摩托羅拉（Motorola）的殷勤服務。如果沒有動群，手機又何來用武之地？

分離的人們,手機讓他們得以保持接觸。保持接觸的人們,手機讓他們得以分離……

羅(Jonathan Rowe)如此回憶著:

在高科技蓬勃發展的 1990 年代後期,我常待在舊金山戲院區的一家咖啡廳……我看到這樣的場景一再上演。母親喝著摩卡。雙腳懸空的孩子吃著鬆餅。父親身體略為離開餐桌地對著手機講話……這原本該是場「溝通革命」,但在這裡,在科技的中心點,這個家庭的成員卻迴避著彼此的目光。[8]

兩年以後,羅可能會在那餐桌旁看到四隻開機中的手機。手機不會讓母親停止喝摩卡,也不會使小孩停止吃鬆餅,但手機可以令他們不需刻意去迴避彼此的目光:反正到時候他們的目光都已變成一面空白的牆──而對一堵空白的牆來說,面對另一堵空白的牆是無害的。只要有足夠的時間,手機就會訓練眼睛視而不見。

---

8   Jonathan Rowe, 'Reach out and annoy someone', *Washington Monthly*, Nov. 2000.

正如尤瑞（John Urry）所言，「共同臨現的關係永遠意味著近**與**遠、鄰近**與**距離、實體**與**想像」。[9]的確如此；但是第三者無所不在、連續不斷的臨現——電子網路所帶來之普遍與恆常存在的「虛擬鄰近」（virtual proximity）——使得天平斷然地往遠、距離和想像傾斜。它預言著（或預警著？）「肉體距離」與「心靈疏遠」的最後分離。前者已不再是後者的條件。後者現在有自己的一套高科技「物質基礎」，比起任何物質實體的重新排列組合，這套基礎要更廣闊、有彈性、多變、迷人且充滿冒險性。肉體的鄰近要比以往更不可能介入心靈的疏遠……

尤瑞正確地駁斥了那些預言旅行即將消亡的人，他們的理由是旅行將因電子往來的便利而顯得多餘。如果真有不同的話，電子科技所保障的「出脫地方」（out-of-placeness）使得旅行比以往更安全，不再那麼冒險而令人厭惡——因此它消除了許多過去對「前往他方」的魔力所設的限制。在實質與象徵意義上，手機訊號都代表我們從地方的終極解脫。身處插座附近，已不是「保持連繫」的一項條件。在計算得失時，旅客大可忽略離開與停留、距離與鄰近、文明與荒野之間的差異性。

自從令人難忘的謝勒（Peter Sellers，在1979年艾希比

9　John Urry, 'Mobility and proximity', *Sociology* (May 2002), pp. 255-74.

〔Hal Ashby〕的電影《無為而治》〔Being There〕中）無法成功地借助電視遙控器來關掉一群修女以後，已有許多軟硬體被倒入電腦的墳場裡。現在他可輕易把那些修女從圖片——**他看到的圖片、屬於他的圖片**、他伸手可及之世界的所有相關物——中刪掉。**虛擬鄰近**的另一面是**虛擬距離**：任何可把地緣接近轉化成鄰近的東西都被懸擱，或甚至撤消。鄰近不再需要實體上的接近；但實體上的接近也不再決定鄰近。

電子網路以及進出其中的工具，在現今的人類互動裡大受歡迎並被熱切使用著。至於此現象的最大功臣究竟是虛擬鄰近，還是虛擬距離？這是個沒有答案的問題。究竟原因是連線上的新便利？抑或是斷線上的新便利？後者比前者更急迫且更重要的情境層出不窮。

虛擬鄰近的到來，使得連繫同時變得更頻繁而膚淺、更熱切而簡短。連繫往往太膚淺、太短暫而無法焠鍊成紐帶。連繫的焦點是手邊的事情，不會外溢到他處，它只占用對方寫讀簡訊的時間，主題也只局限在簡訊的內容上——不像那惡名昭彰的人際關係，貪求無饜、四處蔓延、滲透一切。與人交往不再需要那麼多的時間與精力，要結束它也不再需要那麼多的時間與精力。**距離不是保持接觸的阻礙——但保持接觸也不會阻礙分開**。一陣陣虛擬鄰近的理想結局，是不留下任何殘餘及沉澱物。不管在實質或象徵意義上，虛擬鄰近都可單靠按下一個鍵

來結束。

　　虛擬鄰近最具影響力的成就,似乎是將溝通與人際關係分離開來。與舊式地緣鄰近不同的是,虛擬鄰近不要求事先建立好的紐帶,而紐帶也不見得會在事後被建立。「與人連繫」的代價比「與人往來」要來得少——但在建立與維繫紐帶上的效果也要小很多。

虛擬鄰近消除了非虛擬之接近往往會造成的壓力。它也為其他種鄰近模式樹立了典範。無論是哪種鄰近模式，其優缺點現在都以虛擬鄰近為標準而受到評估。

虛擬與非虛擬鄰近兩者的角色已然互換：現在虛擬鄰近才符合涂爾幹（Émile Durkheim）對「實在」（reality）所做的經典敘述：「從外部固定、體制化我們」的某物、「獨立於各個特定意志之外的某些行動方式與判斷」；某種可憑藉「外部強制的力量」以及「和任何與之違逆的個別行動的對抗」來辨識的東西。[10]虛擬鄰近強硬規範不干擾的程度並嚴格要求彈性，這樣的標準是非虛擬鄰近難以達成的。如果無法模仿虛擬鄰近所樹立的典範，那麼正統的地緣鄰近就將成為勢必遭到對抗的「違逆行動」。虛擬鄰近於是成為如假包換、純粹、**真實**的實在，而所有其他覬覦實在地位的僭越者都必須以此標準來衡量自己並受人評判。

每個人都看過、聽過且無法不無意聽到火車上其他乘客不斷對著手機講話。如果你搭的是頭等廂，講話的人通常是生意

10　見 Émile Durkheim, *The Rules of Sociological Method*，此處引文為紀登斯譯本，*Émile Durkheim: Selected Writings* (Cambridge University Press, 1972), pp. 71, 64。

人,他們急著要找事做,想要看起來很有效率——也就是說,盡可能與越多手機使用者連繫,並證明的確有這麼多的手機使用者隨時準備好接聽他們的電話。如果你搭的是二等廂,講話的人通常是青少年,他們告訴家人自己剛剛離開了哪個車站,還有下一站會是哪裡。你可能會認為他們在計算自己還有多久就可以回到家,而且還迫不及待想見到電話另一頭的人。你或許沒料到,許多你所無意聽到的這些手機閒聊,在說話者到達目的地以後,並不會有更長、更豐富的對話來延續——它們並非後者的**序曲**,而是**替代品**。這些閒聊並不是在替真正的對話鋪路,而是真正的對話本身⋯⋯在這些熱切把自己的所在地告知隱形聽眾的年輕人裡,有許多在到達目的地後會匆忙進入各自的房間,並隨手把門鎖上。

在電子虛擬鄰近暴增之前的幾年,史路特(Michael Schluter)與李(David Lee)說,「我們把個人隱私穿在身上當作太空壓力衣⋯⋯我們不歡迎與人接觸;我們不想與人有牽扯。」家不再是快速冷卻的隱私大海中溫暖的親密島嶼。家原本是愛與友情的交誼廳,現在則已成為爭奪領域的戰場;家曾經是建築共處的工地,現在則變成築有防禦工事的碉堡。「我們踏入各自的房子關上門,然後踏入各自的房間關上門。家變成多功能的休閒中心,讓家庭成員得以肩並肩地獨自生活。」[11]

11　Michael Schluter and David Lee, *The R Factor* (Hodder and Stoughton, 1993), pp. 15, 37.

人與人之間直接、面對面、多面向且多用途、連續的鄰近正緩慢而持續地衰退，要把這歸咎於電子裝備，當然是不智且不負責任的。但虛擬鄰近擁有諸多在液態現代世界裡可被當成優點的傲人特性——而這些特性是非虛擬的親密對談情境所無法輕易取得的。無怪乎人們熱誠而放任地偏愛虛擬鄰近，更勝於任何其他親近模式。在手機伸手可及之私人房間緊閉的門扉後的孤獨，或許比共享家庭的公共空間要來得安全、風險較小。

　　人們越留意、越努力學習虛擬鄰近，就越沒有時間專注去習得與磨練非虛擬鄰近所需的技能。這些技能被廢而不用——被遺忘、根本從未被學過、被迴避，或是頂多在迫不得已的情形下被求助。因此，如果有需要的話，要使用它們可能會是項棘手、甚至難以克服的挑戰。這更增加了虛擬鄰近的誘惑力。一旦起始，從非虛擬鄰近過渡到虛擬鄰近的過程便會自己動起來。它看似自我延續，也自我加速。

「隨著從小被網路孕育長大的世代進入約會期,網路交友現在正大放異彩。而且它並非最後手段。它是消遣活動。它是娛樂。」

這是法蘭斯(Louise France)所看到的現象。[12]她斷定,對今日的寂寞芳心而言,迪斯可舞廳與單身酒吧是遙遠的記憶。他們所習得的社交技能,並不足以在那樣的地方交友(而他們也並不因此擔憂)。除此之外,網路交友有著面對面遭遇所沒有的好處:在後者,一旦開了頭,就無法回復原狀——但是網路交友完全不同。在巴斯大學(Bath University)的一項研究裡,一位二十八歲的受訪者透露,「你永遠可以按下刪除鍵。不回覆一封電子郵件是天底下再簡單不過的事」。法蘭斯的評論是:網路交友的使用者可以**安心**約會,因為他們確知自己永遠可以回到市場做另一趟購物之旅。或者像法蘭斯所引用的巴斯大學蓋文博士(Dr Jeff Gavin)所說的——在網路上,人們可以「不用擔憂『現實世界』後果地」約會。或者這至少是人們在網路上物色伴侶時可以抱持的感受。就好像是瀏覽在首頁上印有「無購買義務」承諾與「商品如不滿意可退回」保證的

12　Louise France, 'Love at first site', *Observer Magazine*, 30 June 2002.

郵購目錄。

　　隨選終結——瞬間、乾淨俐落、不必計算損失或懊悔——是網路交友的最主要好處。在一個充滿流動機會、變動價值觀與規則動盪不已的世界裡，唯一僅存的理性選擇，就是降低風險以及不終止選擇權；而網路交友，不像相互承諾的笨拙協商一樣，正好完全（或幾乎完全）符合這種理性選擇的新標準。

　　大型購物中心已經大力將人類為了生存所做的努力重新歸類成消遣和娛樂。過去必須在必要性的棘手壓力下帶著憤慨與嫌惡所承受與忍耐的事物，如今都添上了誘人的力量，它們允諾不帶有無盡風險的無盡樂趣。大型購物中心對於日常例行公事所做的整容改裝，也就是網路交友對伴侶協商所做的。但正如減少必要性跟減輕「勉強苟活」的壓力是大型購物中心成功的必要條件之一，要不是全時的保證、承諾與「你需要的時候我都會在」的義務已從伴侶關係的必要條件表中移除，那麼網路交友也無法單靠本身便如此大受歡迎。

　　移除這些條件的責任，不能單單歸咎虛擬的電子交友。在邁向液態現代個體化社會的路上，還發生了很多其他的事情，它們一起使得長期承諾越來越罕見，長期保證越來越稀少，也讓「不管發生什麼」都互相扶持的義務，變成一個既不實際、也不值得為之好好努力的前景。

國民生產毛額（GNP）的增加被認定成每個人的幸福之鑰，也因此被宣布為政治的目標。而 GNP 的計算方式是每個人所花費金錢的總額。

　　「看穿那些熱誠擁戴與歇斯底里後，」羅與席維爾斯坦（Judith Silverstein）說，「我們會發現經濟成長僅代表著『花更多錢』。錢花在什麼地方，或是為什麼而花，都沒多大差別。」[13]

　　事實上，大多數金錢，還有絕多消費上的成長，都是被拿來對抗消費社會中的「醫原性疾病」（iatrogenic ailment）——吹捧需求和風尚並在之後加以平復所引起的麻煩。美國的食品產業每年花費大約兩百一十億美元來散播與培養人們對更精緻、更具異國風味、還有號稱更美味與令人興奮之食品的欲望，而節食與減重產業則每年賺進三百二十億美元，至於花在醫學治療上的金錢（一大部分是為了對抗肥胖），則可望在接下來的十年裡加倍成長。洛杉磯的居民平均每年負擔八億美元的燃料費，而醫院也公布人數破紀錄的患者正為氣喘、支氣管

13　Jonathan Rowe and Judith Silverstein, 'The GDP myth: why "growth" isn't always a good thing', *Washington Monthly*, Mar. 1999.

炎及其他由空氣污染引起的呼吸道疾病所苦,至於這些患者原本就破紀錄的帳單也被推向新高。由於消費(以及花費)一天比一天多(今日的消費得高過昨日,不過,但願明日的消費比今日還高)成為解決所有社會問題的捷徑,且由於接踵而來之消費誘惑的拉力不再受限制,討債公司、保全公司以及監獄成為 GNP 成長的主要促成因素。耗盡液態現代消費者生命的要務所散發出來的壓力,促使 GNP 數據不斷向上攀升,其角色之重要性與巨大無從正確估量。

用來計算「國民生產」及其成長的方式,尤其是當今政治環繞著計算結果而起的盲目崇拜,其實都建立在一個未經測試且很少被公然點出的假設,雖然每當它被提起時就會引發廣泛爭論:人類快樂的總和隨著越多錢的轉手而成長。在市場社會裡,金錢會在各種狀況下易主,以下列出的只是羅蒐集之辛辣範例中的幾個:[14]當一場車禍造成有人傷殘,汽車全毀無法修復時;當受理離婚案件的律師催繳律師費用時;或是當自來水不能喝,人們安裝濾水器或改用瓶裝水時。在所有這些與類似的情況下,「國民生產」會成長,而執政的政客跟智庫中的經濟學家就會歡欣鼓舞。

14　引自 Jonathan Rowe, 'Z zycia ekonomistow', *Obywatel 2* (2002); originally published July 1999。

GNP模型主宰（事實上是壟斷）了液態現代、消費主義與個體化社會的居民認定福利或「美好社會」（當他們在思索成功與快樂生活時，偶爾會容許這種想法進入腦中）的方式。GNP模型最值得注意之處，不是那些被它誤導或完全錯誤歸類的，而是那些它完全沒有歸類的；是那些完全不被納入計算的，是那些因而在討論國家財富、集體和個人福祉時，被認為在實際上毫不相關的。

正如一切井然有序、萬物分門別類的現代國家無法容忍「無主遊民」，也正如不斷擴張、渴望領土的現代帝國無法容忍「無主」荒地──現代市場也不歡迎「非市場經濟」：那種不需金錢轉手而自行再生產的生活。

對市場經濟的理論家來說，這種生活並不算數──也因此並不存在。對於市場經濟的實踐者而言，它構成一種罪過與挑戰──一個尚未征服的空間，一種對入侵與占領的公開邀請，一個還未完成但吵嚷著要求緊急執行的任務。

為反映出所有以及任何市場與非貨幣經濟共存模式的暫時性本質，在命名自行再生產的生活或是生活中自行再生產的部分時，理論家使用了帶有反常與行將消逝意味的名稱。能自行生產自己生活模式所需的物品，因此無需固定到商店購物的人們，被稱做是「胼手胝足」（from hand to mouth）的人；他們那種存在方式的意義，只在於它的缺乏或遺漏──那是「經濟起飛」帶來（無須修飾語的）**正常**生活以前的一種原始而悲慘的存在方式。只要物品轉手時沒有金錢流通到反方向，就會被歸類到「非正式經濟」（informal economy）的模糊地帶──同樣地，在稱呼與之相對的正常交易（也就是有金錢介入的交易）時，則不需要任何特別稱呼。

市場經濟的實踐者盡其所能地觸及行銷專家還無法觸及的部分。他們的擴張同時包括橫向與縱向，既廣且深：有待被征服的，是那些還堅持「胼手胝足」生活的土地，但也包括已轉換成購物／消費生活的人口中，「非正式」經濟所占的時間分量。非貨幣生活需要被毀滅，這樣一來，依賴這種生活方式的人，就得在購物與挨餓間做出選擇（倒不是說一旦他們選擇購物，就可保證不挨餓）。還未被商品化的生活領域必須被證明危機四伏，而不購買工具或勞務就無法擊退那些潛藏的危險，又或者，那生活領域必須被譴責為劣等、可憎、丟臉。而它也的確如此被譴責。

在經濟理論家的計算中缺席的最明顯角色，且在市場實踐者所排列的貿易戰爭目標中名列第一的，是哈爾西（A. H. Halsey）稱之為「道德經濟」（moral economy）的那片廣大領域——家人共享的財貨與勞務、鄰居的幫忙、朋友的互助：所有用來編織人際紐帶與持久承諾的動機、衝動和行動。

經濟理論家認為值得注意的唯一角色是經濟人（homo oeconomicus），因為他有功於「維持經濟動力」，也是經濟成長之輪的潤滑油——經濟人是一個孤獨、自私自利且自我中心的經濟行動者，他追求最划算的交易，受「理性選擇」支配，小心翼翼不被任何抗拒轉換成金錢收益的情感所擄獲，而且他所處的生活世界裡滿是除了這些美德之外別無其他共同點的

人。市場實踐者能夠認出且願意理睬考慮的唯一角色是消費人——消費人是一個孤獨、自私自利且自我中心的購物者，他已把追求最划算的買賣當作唯一能治療孤獨的方法；他唯一知道與需要的社群，是大型購物中心裡的那個消費者動群；處於他生活世界裡的其他人物除了這些美德之外別無其他共同點。

現代早期「沒有個性的人」已經成熟為「沒有紐帶的人」（或者，他是被後者擠退？）。

經濟人與消費人是**沒有社會紐帶**的男女。他們是市場經濟的理想居民，是讓 GNP 觀察者快樂的人。

他們也是虛構。

隨著自由貿易的人為障礙一個接著一個打破,隨著天然障礙的根絕消滅,市場經濟橫向/延展性的擴張似乎正趨於完備。但縱向/深化性的擴張則仍差強人意,我們不禁懷疑它是否有完成的一天——或者,它的完成根本無從想像。

　　多虧有「道德經濟」這個安全閥,市場經濟所造成的緊張情勢才能免於達到爆炸性的比例。多虧有「道德經濟」的緩衝,市場經濟所製造出來的人類廢棄物才能免於失控。如果沒有道德經濟矯正性、節制性、緩和性與補償性的介入,市場經濟自我毀滅的驅力就會暴露出來。市場經濟每天所行的救贖/復活奇蹟,乃源於它未能順從該驅力而邁向滅亡之路。

　　市場經濟所統轄的世界只允許經濟人與消費人進入,這使得相當多人沒有資格取得居留證,也使得只有極少數人才能在所有時間與所有情況下合法居留。只有極少數人能避開市場無用武之地的灰色地帶,那個市場會很樂意從所轄世界完全割除與流放的地帶。

　　市場占領(無論是已達成,或是尚在計畫中)眼中的「灰色地帶」,便是已被市場征服、部分征服與將被征服的居民眼中的社區、街坊、朋友、生命伙伴與終身伴侶:一個連帶(solidarity)、憐憫、分享、彼此幫助與同情(這些全都是與經

濟考量相悖的概念,也是經濟實踐深切厭惡之事)懸擱或排擠理性選擇與私利追求的世界。這世界的居民既不是競爭者,也不是利用和消費的對象,而是一同持續不斷努力建構共同生活,並努力使共同生活更美好的伙伴(是助人者,也是受助者)。

對連帶的需求似乎能禁得起市場的摧殘,雖然市場不乏努力嘗試。只要有需求,就有獲利機會——而市場專家竭盡創造力來倡議各種在商店購買連帶、友善微笑、共處或即時幫助的方式。他們不斷成功,也不斷失敗。商店所提供的替代品不能取代人際紐帶;在他們的購物模式裡,紐帶變形為商品;也就是說,它們被轉移到另一個由市場支配的領域,不再是那種可以滿足我們對共處之需求的紐帶,那種只有在共處裡才能產生與持續的紐帶。市場無法成功獵取那些隱藏在人類社會性(sociality)[15]中的未開發資本。

---

15 關於「社會性」的概念,請參閱我的著作,*Postmodern Ethics* (Polity, 1993), p. 119。「社會性」與「社會化」(socialization)的並置,對應於「自發性」(spontaneity)與「管理」(management)的並置。「社會性將獨特性置於一致性之上,將崇高置於理性之上,因此在大體上,它冷淡對待規則,使得規則的言詞兌現問題重重,並取消行動的工具意義。」

從一個建構得宜、平穩運作、有條有理之世界的眼光來看，由人類的連帶、友誼與伙伴關係所構成的「灰色地帶」，似乎是個無政府（anarchy）王國。

「無政府」的概念有著本質上反國家的歷史包袱。從高德溫（William Godwin）到普魯東（Pierre-Joseph Proudhon），從巴枯寧（Mikhail Bakunin）到克魯泡特金（Peter Kropotkin），這些無政府主義理論家與無政府運動創始者使用「無政府」這個名詞來指稱一個替代社會，用它來作為倚靠權勢高壓之秩序的反義詞。他們所要求之替代社會與實際存在之社會的差異，在於國家——無人性、本質腐敗之權力的典型——的缺席。一旦國家權力被解散撤除，人類就會依靠（或回歸？）互助這項資產，使用他們那些巴枯寧不斷提到的天賦思考與反抗能力。[16]

十九世紀無政府主義者的憤怒集中在國家上；準確地說，是在**現代**國家上，一個在他們的年代還是新玩意的東西，扎根

16　請參閱以下這篇充滿洞見的研究，Valentina Fedotova, 'Anarkhia i poriadok' (Anarchy and order), *Voprosy Filosofii* 5 (1997)，該文亦收錄於該作者的同名論文集，Valentina Fedotova, *Anarkhia i poriadok* (Editorial URSS, 2000), pp. 27-50。

還不夠深刻牢固,既無法主張傳統的正當性,也無從依賴常規化的服從。對於舊式政權留給各地共同體自行運作的人類生活面向,現代國家努力滴水不漏且無所不在地加以控制。對於再多麼專制剝削的舊式政權都不曾插手過問的領域,現代國家不但主張自己的干預權利,還設計出各種干預計畫。尤其是,它開始著手解散中介力量(pouvoir intermediaire),也就是以往被認可的地方自治、共同體自主與自治等形式。對於無政府主義運動的先驅者,這些被現代國家攻擊、由共同生活衍生而出之解決問題與衝突的方法,毫無疑問是既定的,也確實是「自然」的;他們也想像它們是自立的,而只要不受到國家的利用欺哄,在所有社會條件與情況下,它們都是全然足以維繫秩序的。他們將無政府狀態(也就是沒有國家及其高壓手段的社會)想像成一個不具強迫力的秩序,在其中,必要性不會與自由相衝突,而自由也不會成為群居之先決條件的阻礙。

　　早期無政府主義的世界觀,和當時的烏托邦社會主義(utopian socialism)一樣有著明顯的懷舊氣味(普魯東與魏特林〔Wilhelm Weitling〕的學說顯示出兩者之間的密切關係);它們夢想著脫離那條人類因為社會權力的新現代形式與資本主義(亦即商業與家戶的分離)的興起而踏上的道路——回歸到一種被浪漫化、而非真正完全沒有任何衝突的溫暖舒適,而這種溫暖舒適源自共同體在感受與行為上的一致。現代社會對

「無政府」觀念的理解,以及絕大多數現代政治科學對「無政府」觀念的詮釋,都建立在這種早期、懷舊且烏托邦式的無政府形式上。

不過,無政府主義思想還有另一層較不受時間限制的意義,它躲藏在其反國家的叛亂外表下,並因此易受忽略。這另一層意義類似於透納(Victor Turner)的社域(communitas)意象:

> 人類的交互關連彷彿有兩個主要「模型」,兩者並置且相互交替。第一種模型把社會當作是結構化、分殊化且往往階序化之政治法律經濟地位的體系……第二種……把社會當作未結構化或只有基本結構化而相對未分殊化的社域、社群,或甚至是一起順從祭儀長老權威的平等個體的融聚。[17]

透納使用人類學詞彙,以人類學慣於處理問題的方式來定位社域的議題,其關切重點在於人類集合體(「社會」、「文化」)用以鞏固自身耐久性與持續自我再生產的不同方式。不

17　Victor Turner, *The Ritual Process: Structure and Anti-structure* (Routledge, 1969), p. 96.

過,透納所描述的兩種模型也可詮釋成人類共存之互補模式的代表,它們並非不同的社會類型,而是以不同比例混合在每個持久的人類集合體中。

沒有任何形式的人類共處是完全結構化的,沒有任何內在分殊是一網打盡、無所不包與免於矛盾的,沒有任何階序是全面性而僵固的。範疇的邏輯,不適用於人類互動所特有的多樣性與混雜性。任何完整結構化的嘗試,都會留下許多「鬆脫的線頭」與引人爭辯的意義;每個嘗試都產生各自的盲點、定義不夠清晰的地方、模稜兩可與未經官方測量製圖的「無主」領域。這些嘗試帶來秩序的努力所殘留下來的東西,形成了人類的自發性、實驗與自我構作的領域。無論如何,社域是每朵社會(societas)烏雲的襯裡——沒有它的存在(如果這種缺席是可想像的),烏雲就會散開——社會將從接縫開始分崩離析。[譯2] 只有透過常規化社會與無政府社域兩者**一起**心不甘情不願、充滿衝突地合作,秩序與混亂之間才有差別。

制度化過程運用高壓手段而弄擰或無法完成的任務,被交由人類自發的創造力來修補或完成。沒有了常規的慰藉,創造力(正如巴枯寧所指出的)只能依靠兩種人類機能:思考的能力與反抗的傾向(及勇氣)。運用這兩種機能的任一個都是充

譯2　包曼在此挪用了意為禍福相倚的「每朵烏雲都有閃亮襯裡」的俗諺。

滿風險的;而且,與經由制度深化和保護之常規不同的是,我們無力使那風險降到最低,更遑論消滅它。社域(不要與名之為「社群」卻汲汲營營效法社會的反社會混淆)座落在不確定的土地上——且在任何其他國度都無法生存。

　　社域的(還有間接來說,社會的)生存與福祉,憑藉的是人類**破除**常規與嘗試**全新**途徑的想像力、創造力以及勇氣。也就是說,它們憑藉的是人類面對風險並承擔後果的能力。這些能力正是「道德經濟」——彼此照料與幫助、**為**別人而活、編織人際承諾、繫結與維護人際紐帶、把權利轉化成義務、共同擔負每個人的命運與幸福——的支柱,而永遠無法完成之結構化任務所捅的婁子以及引發的水災,只能靠「道德經濟」來解決與防堵。

消費市場的勢力入侵並殖民社域（道德經濟的場域），帶來威脅現今人類共處形式最駭人的危險。

市場攻擊的主要目標是作為**生產者**的人；在完全被征服與殖民的土地上，居留證只發給作為**消費者**的人。共同生活的家庭工業（cottage industry）會停止運作並解體；生活形式以及作為其支柱的伙伴關係會只以商品的形式存在。一心只想著秩序的國家（自負風險地）打擊無政府狀態——社域的標記——因為它威脅到憑藉權力扶助的常規；一心只想著利潤的消費市場也打擊無政府狀態，因為它具有難以駕馭的生產能力，也因為它被懷疑可能孕育出自給自足的潛能。正因為道德經濟不需要市場，市場的勢力才會武裝對抗它。

這場戰爭運用了雙重策略。

首先，盡可能將越多獨立於市場外之道德經濟的面向商品化，把它們重新塑造成消費的面向。

其二，使社域道德經濟中任何抗拒這種商品化的東西與消費社會的繁榮脫鉤；當社會被訓練成以貨幣度量價值，只能在可銷售與購買之物品和勞務所掛的價格標籤上確認價值時，這些抗拒商品化的東西都失去了價值；到最後，它們將因不復存在於人類幸福的公共帳戶中而不再受大眾（但願還有個人）注

意。

目前這場戰爭的結局尚無定論，雖然說截至目前為止，似乎只有一方採取攻勢，而另一方幾乎是節節敗退。社域的許多領土已然淪陷；在它曾耕作過的土地上，冒出一個個正企盼被改建成大型購物中心的交易所。

在每場戰爭中，領土淪陷都是不祥而可能帶來災難的事態發展，但最終決定戰爭結果的因素，還是部隊的戰鬥力。比起喪失士氣以及對反抗的希望與目的逐漸失去信任，淪陷的領土還比較容易收復。而這就正是預警道德經濟即將面臨厄運的第二項發展。

截至目前為止，市場所進行之最主要，也可能最具影響力的成功進擊，就是逐步（但絕非完整與無可挽回）而持續地摧毀社會性的技能。在人際關係裡，去技能化的行動者發覺自己越來越常處於「代理模式」（agentic mode）──他律而非自律，接收公開與潛意識的指令，一方面是因為希望一字不漏地遵循指示，一方面則是因為害怕自己背離當紅的模型。他律行動的魅力主要在於責任的讓渡；購買專家調配的食譜所附贈的，是不再需要擔負使用後的壞結果。

居主導地位的消費生活模式鼓勵人們把他人當作消費對象，也鼓勵人們以消費對象的模式來評價他們，亦即他人所可能提供的快樂份量有多少、是否「物超所值」。這些趨勢推動

並加速社會性技能的逐漸消失。他人充其量只被視為本質上孤獨之消費行為的同伴；他們是共享消費樂趣的同伙，其臨現和積極參與能增強這些樂趣。在過程中，他人作為獨一無二人類的內在價值（以及為他人自身之故、為其獨特性之故而對他人的關懷）都已不復得見。人類的連帶在消費市場的勝利下首先陣亡。

III
論愛鄰舍之難處

佛洛伊德（在《文明及其不滿》裡〔Civilization and its Discontents〕）說,[1]「愛鄰舍如同自己」的要求，是文明生活的根本誡律之一。但它也最牴觸文明提倡的那種理性：追求自利及幸福的理性。我們必須先降服於「因荒謬而相信」（credere quia absurdum）這條宗教告誡，文明的這條創始誡律才有可能被接受為「合理」、被信奉與實踐。

的確，只要追問「為何我得這麼做？這樣做於我有何好處？」，我們就能體會愛鄰舍（任何鄰舍，只因為他住在附近）這項要求的荒謬性。如果我愛某人，那他或她就一定在某方面值得我愛……「若他們在這麼多重要方面都如此像我，以致於我能去愛他們身上的我，那麼他們就值得我愛；若他們比我完美得多，以致於我能去愛他們身上理想的我，那麼他們就值得我愛……但如果他對我而言是個陌生人，如果他本身沒有任何價值可吸引我，或者如果他還未在我的感情生活裡有任何重要性，那我就很難去愛他。」既然我往往無法找到足夠證據來證明我該去愛的陌生人也愛我，或甚至對我表現出「些許關懷」，這個要求就更令人感到惱恨及愚蠢。「必要時，他會毫不考慮地傷害、嘲笑、毀謗我，向我展現他的優勢權力……」

1　Sigmund Freud, *Civilization and its Discontents* (1930)，見 James Strachey's Standard Edition, 1961。

因此,佛洛伊德提問道,「若無法說服人們一項誡律的履行是合理的,那為何要如此鄭重其事地宣詔它呢」?要回答這問題,我們可能會違反理智地斷定說,「愛鄰舍」之所以成為一項誡律,是因為「沒有其他事情比它還更強烈違反人類的原始本性」。一條規範越不可能被遵守,就越可能被一再執拗地聲明。而相較於任何其他規範來說,愛鄰舍的命令或許是最不可能被奉行的。當一個有可能皈依的人向猶太教哲人希列拉比(Rabbi Hillel)挑戰,要他在自己能單腳站立的時間內解釋上帝的教誨時,希列提出「愛鄰舍如同自己」作為濃縮上帝全部命令的唯一但完備的答案。接受這種命令是信仰上的大躍進,是具有決定性的大躍進,因為人藉此突破了「天賦」驅力、強烈欲望與個人偏好的硬殼,遠離並違抗自然,變成人類這種「不自然」的存有,從而有別於禽獸(事實上也有別於天使,正如亞里斯多德〔Aristotle〕指出的)。

接受愛鄰舍的誡律,是人性誕生的時刻。所有其他人類共居的常規,還有他們事先設計好或事後發現的規則,都只是這條誡律(永遠不完整)的注腳。如果這誡律被枉顧或丟棄,就沒人會去編寫注腳的清單,或去思索它的完整性。

愛鄰舍可能需要信仰大躍進；但是，其結果是人性的誕生。它也是生存本能轉化成道德的決定性過程。

這過程使道德成為生存的一部分，甚或是必要條件。有了這項組成因素，人的生存變成**人性**在人類之中的生存。

「愛鄰舍如同自己」暗示著自愛乃是毫無疑問的既定事實、已存在的事實。自愛與生存有關，而生存不需誡律，因為其他（非人類的）生物沒有誡律也生存得很好——沒錯，就是這樣。但愛鄰舍如同自己，使得**人類**的生存有別於其他生物。缺少了那項自愛的延伸／超越，肉身、軀體生命的延長本身還稱不上**人類**的生存，不是那種使人類有別於禽獸（以及——別忘了——天使）的生存。愛鄰舍的誡律挑戰並公然反抗自然所設定的本能；但它同時也挑戰與公然反抗自然所設定的生存意義，以及那保護人類生存之自愛的意義。

愛鄰舍或許並非生存本能的主要產品——但被選來當作鄰舍之愛範本的自愛也是一樣。

自愛——那代表什麼？我愛「自己」的什麼？當我愛自己的時候，我愛的是什麼？人類和人類的動物近親、遠親以及遠遠親都有生存本能——但是一講到自愛，我們就分道揚鑣，而且我們是獨行俠。

的確，自愛激勵我們「緊抓生命」，無論如何都要努力活下去，努力抵抗並反擊任何可能過早或意外結束生命的威脅，努力維持或甚至增強體魄與精力來提升抵抗的能力。然而，與我們當中最機敏的健身狂及最專注的養生迷比起來，我們的動物族親在這方面也同樣是熟練與經驗豐富的大師。我們的動物族親（除了牠們當中已被「馴化」者，那些已被我們這些人類飼主剝奪天賦本能以更適用於我們、而非牠們生存者）並不需要專家顧問來告訴牠們如何存活與保持健康。牠們也無須靠自愛來指點牠們存活與保持健康是正確的事。

生存（動物的生存、肉身與軀體的生存）不需要自愛。事實上，沒有它要比有好得多！生存本能與自愛的道路也許平行，但它們的方向也可能相反……自愛可能會**反抗**生命的延續。自愛或許會慫恿我們**邀請**危險、歡迎威脅。自愛能刺激我

們去**排斥**一個搆不上我們自愛標準、因此不值得活下去的生命。

這是因為自愛所愛的，是值得被愛的自己。我們所愛的，是被愛的狀態或希望：作為**值得愛的對象**，被如此**認可**，並握有被認可的**證據**。

簡而言之：為了擁有自愛，我們需要被愛。被拒絕愛——被否定值得被愛之對象的地位——會導致自我厭惡。自愛乃建立在別人所提供給我們的愛之上。若欲使用替代品來建造自愛，那麼它們再怎麼虛假，也必須是跟這種愛類似的東西。別人必須先愛我們，我們才能開始愛自己。

那我們要如何知道自己沒有被冷落，或是被當成無藥可救的人拋棄？如何知道愛即將、可能、總有一天會降臨？如何知道我們值得那份愛，所以有權利去享受、品味這份自愛？當有人同我們說話，聽我們講話的時候，我們就知道答案，我們相信自己知道答案，而我們也確定自己的相信沒有錯。當有人聚精會神聽我們講話，洩漏／表現出願意回應的關注時。於是，我們推測自己是**被重視**的。也就是說，我們猜想自己所想、所做或所準備做的事情，是有意義的。

如果別人重視我，那麼顯然「我裡面」一定有某些東西是只有我能提供給別人的，不是嗎？而且，顯然有這樣的人會願意接受這些東西，還會因此感激，不是嗎？我是重要的，而我

所想、所說、所做的也是重要的。我不是無足輕重,可隨便被取代、被丟棄的。我不只對自己「造成影響」。我說的話、我是誰以及我所做的事都很重要——而且,這並非只是我個人的幻想。無論我周遭的世界如何,萬一我忽然不復存在或是離開,那世界就會缺少些什麼,不再那麼有趣及充滿希望。

如果這就是讓我們成為自愛之正確、適當對象的原因,那麼「愛鄰舍如同自己」的要求(也就是說,預期鄰舍會因為和激起我們自愛相同的原因也渴望被愛)所訴諸的,便是鄰舍的相同渴望:他們同樣渴望自己擁有獨特、無可取代與不能被任意丟棄的尊嚴,並擁有被如此認可、承認及確證的價值。這項要求鼓勵我們去假定鄰舍確實擁有這樣的價值——至少在被證明事非如此以前。於是,愛鄰舍如同自己,便意味著**尊重彼此的獨特性**:我們之間的差異性使我們共同居住的世界更豐富,因此使它變成一個更美好、更有樂趣的地方,也為它增添了無窮的希望。

在華依達（Andrzej Wajda）最富人性的電影《哥錫克》（*Korczak*）中的一景裡，極具人性的電影主角哥錫克醫生（Janusz Korczak，偉大教育家戈爾德史密特〔Henryk Goldszmit〕的筆名），[譯1]回憶起他那受盡苦難的世代在生命中所歷經的戰爭恐怖。他當然想起那些慘絕人寰的殘暴行為，也理所當然地深深怨恨及憎惡它們。但在這些回憶裡，他印象最深刻、也最感到驚駭的，是一個醉漢在踹一個孩童。

在我們這個對統計資料、平均數與多數著迷的世界裡，我們往往以死傷人數去衡量戰爭的殘忍度。我們往往以受害者的人數去衡量加害的邪惡、殘酷、罪行以及醜陋。然而在 1944 年，在人類所進行之最殘忍的戰爭中，維根斯坦（Ludwig Wittgenstein）注意到：

> 沒有任何痛苦哀嚎要比個人的哀嚎石破天驚。
> 又或者，沒有任何苦痛能比一人所能忍受的巨大。

譯1　戈爾德史密特（1878-1942），波蘭猶太裔兒童文學作家、小兒科醫師、兒童教育學家，在 1911 年至 1912 年間成立了下文提及的孤兒院。1942 年 8 月，德軍前來孤兒院，要求將近兩百名的院童帶至集中營。儘管德軍表明，可以將哥錫克醫師安置在華沙的「亞利安區」，但他不僅拒絕，還要求德軍必須將他與院童一同送入集中營。

整個地球所能承擔的苦痛不會凌駕個別的靈魂。

　　半個世紀以後,在哥倫比亞廣播公司(CBS)電視台的史戴爾(Leslie Stahl)追究美國對伊拉克持續軍事封鎖而導致五十萬孩童死亡的責任時,當時出任美國駐聯合國大使的歐布萊特(Madeleine Albright)並未否認這項指控,她坦承「這是個很困難的決定」。但她為那項決定辯護:「我們認為這代價是值得的。」

　　憑良心講,無論在當時或現在,歐布萊特都不是唯一這麼想的人。懷抱願景者、官方背書之願景的代言人,以及執行這些代言人指令的將軍,最喜歡「不把蛋打破,哪能做出蛋餅」這個理由。在經年累月後,這種固定說法已然成為我們這個美好的現代紀元真正的座右銘。

　　無論「我們認為」裡的那些「我們」是誰,還有歐布萊特是以誰的名義發言,他們那種看法的冷酷無情,正是維根斯坦所反對的,也正是引起哥錫克震驚、憤怒與反感的,因此他決心用一輩子的時間來與之對抗。

　　我們當中的大多數人都會贊同,無意義的苦難與毫無目的地施加在別人身上的痛苦,都是絕不能被原諒的,是在任何法庭上都站不住腳的;然而,卻沒那麼多人會打算承認,單使一個人挨餓或死亡並不是、也不該是「值得付出的代價」,無論

犧牲這代價的動機有多麼「明智」或甚至崇高。遭受羞辱或失去人的尊嚴，都不該成為這樣的代價。這並不只因為每個人身為人所應享的生命尊嚴與尊重，共同構成一項其他價值無論數量多麼龐大都無法超越或補償的最重要價值，還因為**所有其他價值只有在增進人的尊嚴與宣揚該理想時才成其為價值**。所有在人類生命中有價值的東西都只是許多不同的代幣，以供我們換取那使生命值得活下去的唯一價值。為了生存而去謀殺別人身上之人性的人，乃是在自己的人性死後苟活。

對人性尊嚴的否定，使得任何需要靠這種否定來維護的遠大理想失去價值。只有一個孩童受苦，跟數百萬人受苦一樣，都會完全徹底使那價值蒙羞。適用於蛋餅的真理被拿來套用在人類的快樂與幸福上，就成了殘酷的謊言。

哥錫克的傳記作家與追隨者一般都認同，他思想與行為的關鍵是他對孩童的愛。這樣的詮釋有其堅固基礎；哥錫克對孩童的愛是熱情而無條件、毫無保留而無邊無際的——足以使他的一生帶有獨一無二的始終如一感與完整性。然而，正如大部分詮釋一樣，這種詮釋還不夠描述其對象的全部。

哥錫克對孩童的愛，是我們當中只有少數人願意或有能力提供的，但是，**他愛的是孩童身上的人性**。這是最佳狀況中的人性——不失真、不截頭去尾、未經修飾且沒有殘缺的，在其稚氣的開端與起源中是完整的，充滿還未遭背叛的允諾以及尚

未被破壞的潛力。然而，這些人性潛力的承載者所降生與成長其中的世界，卻較擅長剪除他們的翅膀，而不是激勵這些原本可高飛者去張開雙翼，因此哥錫克認為，只有在孩童身上，人性才能以其原始的純樸清新與完整性而被（短暫，只能短暫地！）發現、感受與存護。

或許我們最好改變這世界運行的方式，讓人類居住的地方更適合人性的尊嚴，這樣長大成人就不會危及孩童的人性。年輕的戈爾德史密特也曾懷抱過他誕生之世紀所懷抱的希望，相信人類有力量改造這世界的惡習：一個既行得通又一定能達成的任務。但隨著時光流逝，隨著邪惡意圖及崇高目標的受害者與「間接傷害」疊得和天一樣高，隨著夢想一個個變成肉體的腐敗與墮落、想像力越來越失去用武之地，如此的崇高希望於是不再具可信度。哥錫克太清楚戈爾德史密特幾乎全然無知的不安事實：創造一個適合人性尊嚴的世界沒有任何捷徑，而已然喪失尊嚴與不習於尊重他人的人每天所營造出來之「現實存在的世界」，是絕不可能再依據那個標準被重新塑造的。

你無法立法要求我們的世界盡善盡美。你無法將道德強加在這世上，你也無法勸說這世界展現有道德的行為。你無法使這世界對居住其中的人寬容體貼，並符合你理想願望般地實現他們對尊嚴的夢想。**但你一定得嘗試。**你會去嘗試。你會的，至少如果你是從戈爾德史密特蛻變而成的哥錫克的話。

但你要如何嘗試呢？有點像舊式烏托邦幻想家——他們沒能在大社會（Big Society）中完成兼顧安全與自由的不可能任務——變成設有門禁的社區、大型購物中心與主題樂園的設計師一樣⋯⋯你得保護人人與生俱來的尊嚴，讓它們不遭小偷竊取，不被偽造者密謀扭曲及傷害；而且你得在還來得及的時候，在尊嚴的萌發期，你就要著手進行那一輩子的保護工作。你得在馬匹逃脫或被盜**以前**就先把馬廄鎖好。

　　一種作法，且顯然也是最明智的作法，就是保護孩童遠離已遭羞辱與輕蔑所玷污腐敗之世界散出的有毒惡臭，避免他們接近肆虐在庇護所大門另一頭的叢林法則。當哥錫克的孤兒院從戰前的克洛赫瑪弗那（Krochmalna）遷移至華沙猶太區時，他下令永久鎖住入口大門，並用磚封死一樓的窗戶。當被載往集中營並送入毒氣室的命運成為既定事實後，據說哥錫克反對將孤兒院關閉，讓孩子各自尋覓僥倖（只是僥倖）能找到的逃脫機會。他或許是不認為這機會值得放手一搏：一旦離開孤兒院，這些孩子將學到恐懼、卑微與仇恨。他們會失去最珍貴的價值——他們的尊嚴。而一旦被剝奪這項價值，繼續生存下去又有何意義呢？人類價值中最珍貴的價值，同時也是人性的必要屬性，乃是有尊嚴的生命，而非不惜任何代價地苟活。

史匹柏（Steven Spielberg）可從哥錫克——其人及其電影——學到某些東西。

　　某些他不知道，或不想知道，或不想承認他知道的東西；某些跟人類生命有關，跟使生命值得活下去的那種價值有關的東西；他在自己對無人性的敘事《辛德勒的名單》（*Schindler's List*）中表現出無知或漠視的某些東西。這部票房破紀錄的電影倍受喝采，在我們這個不知尊嚴、只知羞辱的世界裡，在我們這個終於把活得比別人久當成生命目標的世界裡。

　　電影《辛德勒的名單》是關於活得比別人久的故事；不計代價地苟活，並且無論如何都在任何狀況下做必須做的事情。當辛德勒成功地把工廠師傅救離即將駛往特雷布林卡（Treblinka）的火車時，擠滿人潮的電影院掀起如雷掌聲，儘管火車並未停駛，儘管牛隻車廂裡的其他乘客最終將抵達毒氣室，這些事全被拋諸腦後。當辛德勒拒絕用「其他猶太婦人」來替代「**他的**」那些被「誤」記為送往火葬場的「猶太婦人」，並成功「矯正錯誤」時，掌聲又再度響起。

大屠殺最駭人聽聞的教訓之一，是較強壯、機伶、狡猾或奸詐的人有權利盡其所能地設法活得比更孱弱與不幸者久。

這是一個可怕而令人驚恐的教訓，但並未因此減損學習、挪用、記憶與應用的熱忱。為讓這個教訓可被採用，必須先徹底剝除它的所有倫理意涵，直到它露出本質：生存是場零和競賽。生命就是生存。強者生存。先發制人者生存。只要你是強者，無論你對弱者做了什麼，都可逍遙法外。抹煞受害者的人性將會抹煞加害者的人性（也就是在道德上踐躪加害者），這個事實被當作微不足道的惱人秋風，如果它沒有被以沉默忽略的話。重要的是爬到頂端並留在頂端。只專注於生存之生命的缺乏人性，顯然不會危害與玷污生存——繼續存活——這項價值。生存是個值得就其本身之故而追尋的價值，無論挫敗者得付出多高代價，也無論勝利者可能會因此多麼墮落，品格會貶低到何等無法修復的地步。

伴隨著大屠殺這可怕、最慘無人道的教訓而來的，是一張清單，上頭記錄著人們為了證明自己是強者而可能加諸在弱者身上的痛苦。圍捕；流放；將人們關進集中營，或讓人們處於近乎集中營的苦難；透過當場處決嫌犯、未經審判的禁錮及無限期的監禁來說明法律的無用；散播因隨機施予懲罰所釀成的

恐慌——所有這些都已被充分證明是生存的有效方法，因此是「理性的」。

　　這張清單可能也的確隨著時間而增長。「全新升級版」的權宜之計被試用，一旦測試成功，就被增加到清單上頭——例如剷平一個家或整個住宅區、摧毀橄欖樹園、燒毀或犁毀莊稼、縱火燒毀工作場所，再不然就是破壞已經夠悲慘之生活的生計來源。所有這些手段都展現出一種自我推動與自行惡化的趨勢。當已犯下的暴行清單變長，就越需要以更堅決的意志來執行它們，才能防止受害者讓自己的聲音不但被聽見、還被聽到。當舊策略成為例行公事，當它們散播在目標物間的恐懼逐漸消逝，就需要狂熱地嘗試新且更痛苦、更駭人的手段。

加害很少能使受害者變得有人性。作為受害者，並不保證能穩享道德優越的寶座。

澤拉茲科瓦（Antonina Zhelazkova）是位勇敢無畏、見解獨到的民族學者，她專心致力於探索巴爾幹半島這個似乎永無止盡之種族與其他仇恨的火藥庫。對於切斷往往會將受害者轉變成加害者之「分裂性鏈結」（schismogenetic chain）的可能性，我曾做過一些思索，她對我的想法提出反對意見，在一封私人信件中，她寫道：

> 我不以為人在受害以後能抗拒想成為凶手的衝動。你對一般人的要求太高了。受害者通常都會變成劊子手。你所曾幫助過的可憐人，還有心靈貧乏的人，到頭來會憎恨你⋯⋯因為他們想忘掉過去、羞辱、痛苦，以及他們是藉由某人幫助、出於某人同情而非獨自贏得某些成就的事實。要擺脫痛苦與羞辱──最合乎常理的方法，就是殺害或羞辱你的劊子手或恩人。或者，去找另一個更屠弱的人，好讓自己能在他面前耀武揚威。

讓我們小心謹慎，不要忽視澤拉茲科瓦的告誡。確實，形

勢對於一般人的人性極為不利。武器不會說話，然而人類的說話聲似乎是對飛彈的颼颼聲與炸藥震耳欲聾的爆裂聲所做之微弱到可恨的回應。

記憶是好壞參半的東西。更準確言之，它是祝福與詛咒的合體。它能「保存」許多東西，但對於不同的群體而言，這些東西的價值卻極為不同。過去是一大袋事件，而記憶永遠不會保留所有一切，且它所保留或從遺忘中重新尋獲的，都不會以「原始」型態（無論這意味著什麼）重現。「過去的一切」，以及「如實所是」的過去（正如蘭克〔Leopold von Ranke〕建議史家應該重述的過去），從來不會被記憶重現；假若記憶可重現過去，它就會變成生者的負擔，而非資產。記憶有**選擇性**，也有**詮釋性**——而該選擇**什麼**以及該**如何**詮釋，是個無法解決的問題，永遠爭論不休。使過去復活，使其保持鮮活的影像，這些都只能透過記憶積極地選擇、再加工與再利用來達成。

在《倫理要求》(*The Ethical Demand*)一書中,洛士特為人類的自然傾向描繪出一種較為樂觀的看法。

他當時這麼寫著:「人類生命的一項特徵,是我們通常以天生的信任感面對彼此。」「只有在某些特殊情況下,我們才會先去不信任一個陌生人⋯⋯但在正常的情況下,我們會相信陌生人的話,除非有特別理由出現,否則我們不會懷疑他。在抓到一個人說謊以前,我們不會去疑心別人虛假。」[2]

《倫理要求》是在洛士特與寶麗(Rosalie Maria Pauly)婚後的八年間構思出來的,當時他們住在小而寧靜的菲英島教區。我無意冒犯親切友善的阿胡斯(洛士特的餘生都在當地大學教授神學)居民,但我懷疑,在第二次世界大戰期間活躍於丹麥抵抗運動的他,在阿胡斯定居後,近距離面對交戰中與被占領之世界的現實後,這樣的想法是否還有可能在腦中成形。

人們通常會以自身經驗為紗線來編織心中的世界圖像。當前這個世代的人或許會覺得,一個相信他人與值得信賴之世界的樂觀圖像簡直是天方夜譚——強烈牴觸他們自己每天學到

---

[2] Knud Ejler Løgstrup, *Etiske Fordring*,此處引文引自英譯本 *The Ethical Demand*, ed. Hans Fink and Alasdair MacIntyre (University of Notre Dame Press, 1977), p. 8。

的、一般人類經驗敘述中暗示的,以及他們每天聽到的生活對策之建議。人們會認同的,是像《老大哥》(*Big Brother*)、《我要活下去》(*Survivor*)以及《智者生存》(*The Weakest Link*)這類帶來最新一波收視熱潮的電視節目裡的人物的行為與自白。它們傳達出一個相當不同的訊息:陌生人是**不能被信賴**的。《我要活下去》有個說明一切的副標題:「不要相信任何人」。「真人實境電視」節目的粉絲與戲迷會顛倒洛士特的看法:「人類生命的一項特徵,是我們通常以天生的不信任感面對彼此。」

　　這些使數百萬觀眾神魂顛倒並立即擄獲他們想像力的電視界奇觀,是在公開彩排人類的**可丟棄性**。它們在同一個故事裡傳達縱容與警告:沒有任何人是絕對不可或缺的;只因為某人在某個時間點有功於團隊努力的成就,並不代表某人就有權利享受他應得的果實,當然更不可能只因為某人僅是團隊中的一員。這所傳遞的訊息,是生命是一場冷酷人們的冷酷遊戲。每場遊戲都重頭開始,過去的功績不算數,你的價值由你的最後一場決鬥的結果所決定。每個遊戲成員隨時都只想到自己,而為了繼續參與遊戲,甚至爬到頂端,每個人都必須先合作,排除路上的障礙物,就是其他那些急切想生存與成功的人——不過,真正的目標只在於一個個智取那些曾與自己共同合作過的人,把那些挫敗與不再有用的人拋在後頭。

最重要的是,其他人是競爭者,他們像所有競爭者一樣密謀詭計、設下陷阱、進行埋伏、渴望我們跌跤絆倒。能幫助勝利者存活得比其他競爭者久,藉以在這場激烈戰鬥中以勝利姿態脫穎而出的有利條件有很多種,從耀眼的自信到溫順的謙虛。然而,無論採用哪種策略,且無論生還者有何優勢、挫敗者有何缺陷,生存的故事都一定會遵循同樣單調的方式發展:**在生存遊戲中,信任、同情與慈悲**(洛士特稱為「生命的主權表現」〔sovereign expression of life〕的無上屬性)**是自取滅亡的**。如果你不比其他人更強悍、更肆無忌憚的話,你就會被他們消滅,無論他們是否會為此感到自責。我們再次回歸達爾文式(Darwinian)世界的晦暗真實:生存者永遠一定是最適者。或者更確切地說,生存是優勝劣敗的終極證明。

如果我們這時代的年輕人還讀書的話,特別是那些目前不在暢銷書榜上的老書,他們可能會贊同俄國流亡者與索邦大學(Sorbonne)哲學教授謝斯托夫(Leon Shestov)所描繪之苦澀、陰鬱的世界圖像:「『人之於人乃是狼』是永恆道德最不變的箴言之一。在每個鄰居身上,我們都害怕有一隻狼……我們是如此瘦弱無力,如此易被摧毀破壞!我們怎能不害怕!……我們看到危險,只看到危險……」[3]他們會主張,正如謝斯托夫

---

3 Leon Shestov, 'All things are perishable', in *A Shestov Anthology*, ed. Bernard Martin (Ohio State University Press, 1970), p. 70.

所說的，也正如《老大哥》將之發揚光大成常識的，這是一個冷酷嚴峻的世界，只適合冷酷強硬的人：在其中，每個人都只能依靠自己的靈巧，去試著智取與超越彼此。遇到陌生人，首要之事是警戒，次要與再次要之事也還是警戒。只要大家幫助你達成你自己的目標，那麼大家聚在一起，肩並肩站著，一起團隊合作，就是有意義的；一旦他們不再帶來任何好處，或是當他們卸下承諾、取消義務反倒可望或可能帶來更多好處時，就沒有理由不該把他們拋到一旁。

在世紀之交誕生、成長及成熟的年輕朋友也會發現紀登斯對於「純粹關係」的描述十分熟悉，甚且還可能不證自明。[4]

　　這種「純粹關係」逐漸成為今日人類共處的流行模式；它的開啟，始於「可從每個人身上所獲取的」，而「只要雙方都認為這段關係能為處於當中的每個人帶來足夠滿足，它就會持續下去」。
　　根據紀登斯的描述，現今的「純粹關係」：

　　不像以往的婚姻一般，因為後者是一種「自然境況」，除卻某些極端情況，它的耐久性是理所當然的。純粹關係的一項特色，是它多少能被任一方在任何特定時間點任意終止。要使一段關係能夠持續下去，承諾是必要的；然而毫無保留許下承諾的任何人，都冒著未來受到極大傷害的風險，萬一這段關係結束的話。

　　對他人的承諾，特別是無條件的承諾，尤其是「至死方

4　Antony Giddens, *The Transformation of Intimacy: Sexuality, Love and Eroticism in Modern Societies* (Polity, 1992), pp. 58, 137.

離」、不論好壞、不分貴賤的那種承諾,越來越像是個需要不惜任何代價去迴避的陷阱。

對於他們所讚許的事物,年輕人會說「酷」。這個用字很貼切:無論人類行為與互動可能有何其他特徵,互動關係都不該熱絡起來,尤其是保持熱絡;只要它保持冷淡,那它就是好的,而冷淡就代表好。如果你知道自己的伴侶可能隨時會選擇出走,無論有沒有經過你的同意(一旦他們發現你這個樂趣來源已被掏空所有潛能,沒啥指望再帶來新樂趣,或是僅僅只因籬笆另一頭的草地看來比較綠),那麼把感情投注在目前這段關係上,就永遠是個冒險舉動。在伴侶關係中投入強烈情感並發誓效忠,意味著要冒極大的風險:它讓你**依賴**你的伴侶(不過我們要注意,雖然「依賴」現在迅速成為一個貶義詞,它卻是對於他者之道德責任的全部意義——無論是對洛士特或是對列維納斯而言)。

更糟的是,你的依賴——由於關係的「純粹性」——或許不會得到回報,而且也沒必要得到回報。因此**你自己**被綁住,但你的伴侶卻可隨時走人,而且也沒有任何可能將你們繫在一起的紐帶足以確保對方不會離開。認為所有關係都屬「純粹」(也就是說:脆弱、有分裂傾向、不可能持續得比其所帶來的舒適便利更長久,因此永遠是「等候另行通知」)的這個被人們廣泛接受、事實上已司空見慣的體悟,是很難使信任生根開

花的。

　　鬆脫而明顯可撤銷的伴侶關係，早已取代「至死方離」的個人結合模型。儘管當洛士特記載他對信任之「自然性」與「常態性」的信仰時，當他宣示特別狀況所帶來、因之需要特別加以解釋的例外，乃是信任的**懸擱或取消**，而不是信任那**無條件與自發的禮物**時，「至死方離」的結合模型無論如何都還是有效的（即使有越來越多令人惱恨的瑕疵）。

　　然而個人伴侶關係的脆弱多病與容易受傷，並非現代生活場景中減損洛士特看法可信度的唯一特徵。前所未有的流動性、脆弱與內建的無常（著名的「彈性」），在各種社會紐帶上留下印記，而僅僅數十年前，這些社會紐帶都還能結合成一個持久可靠的框架，可在其內牢牢編織人類的互動網路。特別受到影響的，且所受影響可能尤其深遠的，是雇用與職業關係。當技能從需要變成不再需要的時間短於學習並駕御它們的時間，當教育文憑的價值相對於取得成本逐年貶值、甚或早在宣稱的終生「有效」期限截止前變成「負資產」，當工作職場幾乎沒有或毫無預警地人間蒸發，當生命過程被切割成一系列越來越短的一次性計畫時，生命的前景似乎越來越像自動火箭筒的任意迴轉，尋找捉摸不定、短暫而不停歇的目標物，而不是像彈道飛彈般有著事先計畫、事先決定而可預測的軌道。

今日世界似乎圖謀反抗信任。

　　信任或許仍像洛士特所說的,是一種「生命的主權表現」的自然流露,然而一旦散發後,它現在卻徒勞追尋一個下錨的所在。信任已被宣判一輩子充滿挫敗。人(獨自、分開或結合的)、公司、黨派、社群、遠大理想,或是充滿權威地指引個人生命的生活模式,往往都無以回報其獻身者。無論如何,它們都很少是始終如一與長期持續的典範。幾乎沒有一個參考點能可靠安全地凝聚注意力,好讓醺醺然追求指引的人們,能免於不停警戒與不斷收回已踏出或計畫踏出腳步的惱人職責。似乎沒有一個可用定位點的壽命會長過定位點尋找者本身,無論他們自己的肉體生命短暫得多可恨。個人經驗頑固地指出,自我是熱切追尋之始終如一與持續性的最可能軸心。

　　在我們這據稱沉迷於反思的社會裡,信任無望獲得太多支援。冷靜審視生命證據所提供的資料,會指引出相反的方向,一再暴露出規則的變化無常與紐帶的脆弱。然而,難道這就意味著,洛士特把道德的希望寄託在自發、信任他人之**特有傾向**的這個決定,已被充滿我們時代之世界的**特有不確定性**宣告無效了嗎?

　　確實可以這麼說——如果不是因為如下的事實的話:洛士

特從未認為道德衝動來自反思。恰恰相反：在他看來，道德的希望正好落在其**前反思的自發性**（prereflexive spontaneity）：「慈悲是自發的，因為只要為了其他目的而有一絲暫停、一點算計、一毫稀釋，它就會被完全破壞，變為與之相反的殘酷。」[5]

眾所皆知，列維納斯主張「我為何該講道德？」（也就是說，去論證「這麼做對我有何好處？」、「那個人為我做了什麼事，值得我去在乎他？」、「如果其他這麼多人都不在乎，那我為何要在乎？」或是「難道不能由我以外的人去做嗎？」）這個問題並非道德行為的**起始點**，而是道德**淪喪**的指標；正如所有非道德都起源於該隱（Cain）所發出的疑問，「我豈是看守我兄弟的嗎？」，洛士特似乎也同意。

「對道德的**需求**」（這個措詞本就自相矛盾；能符合「需求」的，就不是道德），或僅僅是「道德的可取之處」，是不能以論證確立的，更遑論證明。道德只是一種由內在激發之人性的表現——它不「服膺」任何「目的」，且絕不受制於任何對利益、舒適、榮耀或自我提升的期望。的確，客觀上的好——有益與有用——行為屢屢出於行動者的利益考量，無論是獲取

---

5 Knud Løgstrup, *After the Ethical Demand*, trans. Susan Dew and van Kooten Niekerk (Aarhus University, 2002), p. 26.

神的恩寵、贏得大眾尊敬,或是為了確保自己在其他情況下的殘酷無情能被赦免;然而正因這種種**動機**,那些行為都不能被歸類成真正的**道德**行為。

道德行為「不得包含別有用心的動機」,洛士特如此堅決主張。正因為「缺乏別有用心的動機」——包括非道德與**道德**的——所以生命的自發表現是**基進**的。這是為何倫理要求(那因為活著以及與別人共享地球之事實而產生的「客觀」道德壓力)是且必須盡在不言中的另一個理由。既然「服從倫理要求」能輕易轉變(變形及扭曲)成行為的動機,倫理要求的最佳狀況是當它被遺忘、沒被想起的時候:它的基進「在於它要求自己是多餘的」。[6]「人際交往的當下性(immediacy)由生命的當下表現來維持」,[7]而且它不需要任何其他支柱,事實上,它不允許任何其他支柱。

在實踐上,它意味著無論一個人可能有多厭惡(最終)得獨自計畫與擔當責任,但正就是那孤獨,才包含著充滿道德之共處關係的希望。希望,而非必然。

生命表現的自發性與主權,並不擔保所導致的行為是在善惡之間所做的合乎道德、值得讚許的選擇。然而重點是,錯誤

---

6 Ibid., p. 28.
7 Ibid., p. 25.

與正確的選擇都來自同樣的境況——正如尋求權威命令所樂於提供之庇護的怯懦衝動與勇敢地承擔責任也來自同樣的境況。沒準備好去勇敢面對選擇錯誤的可能性，就幾乎不可能不屈不撓地尋找正確選擇。**不確定性**非但不是道德的主要威脅（並從而為倫理哲學家所憎惡），反而是**道德人的棲地，是唯一可讓道德發芽茁壯的土壤**。

但正如洛士特正確指出的，被「生命之當下表現維持的」，乃是「人際交往的當下性」。我認為這當中的關連與彼此制約是雙向的。「當下」在洛士特思想中所扮演的角色，似乎和列維納斯著作中的「鄰近」相仿。另一人（脆弱而易受傷害者、正受苦受難而需要幫助者）的鄰近、當下臨現觸發了「生命的當下表現」。我們被親眼所見之事物挑戰；我們被刺激去行動——去幫助、保護、慰藉、治療或拯救。

「生命的主權表現」是另一個「殘酷的事實」——就像列維納斯的「責任」（responsibility），或甚至洛士特自己的「倫理要求」。

　　不同於永遠被擱置、不被聽聞、未盡、未實現，且或許原則上永遠都無法實現、無窮無盡的倫理要求——生命的主權表現無論如何都永遠是已實現與完整的；雖然並非經由選擇，而是「自發地、不需加以要求地」。[8]我們可以說，生命表現的「別無選擇」狀態，正是其具有「主權」的注腳。

　　「生命的主權表現」或許可視為海德格（Martin Heidegger）之境態（Befindlichkeit，處於某境況，一個在本質上屬於存有學的概念）加上心情（Stimmung，經調諧的，是「境態」在認識論上的反映）的另一名稱。[9]正如海德格所提出，在任何選擇開始以前，我們就已沉浸在世界中，並與之調諧——武裝著先入為主的偏見（Vorurteil）、意圖（Vorhabe）、防備（Vorsicht）與先見之明（Vorgriff），所有那些有 vor（先）這個字首、先於所有知識而構成知識之可能性的能力。但海德格

8　Ibid., p. 14.
9　Martin Heidegger, *Sein und Zeit*, first published in Jahrbuch für Philosophie und Phänomenologische Forschung (1926).

的心情與人家（das Man，那「我們的所有存在……已然對其俯首稱臣之匿名者」）密切相關。「在起初，我不是『我的自我』意義下的『我』；存有首先是『人家』，也往往持續如此。」這種「作為人家的存有」的狀態，在本質上是一種在己（an sich）的從眾狀態，一種未意識到自身乃為從眾的從眾（因此不能與連帶的主權選擇混為一談）。只要我隱藏在人家之下，共在（Mitsein）就是一種宿命，不是神意或使命。對人家的從眾降伏也是如此：它必須先被揭露成從眾，才可在自我主張的緊要行動中被拒絕與反抗，或是被全心全意接納為生命的策略與目的。

一方面，藉由強調其「自發性」，洛士特提議以這種「在己」的狀態來作為生命的表現，令人想起境態與心情。然而另一方面，他似乎把生命的主權表現等同於**拒絕**那種原始、「天賦」的從眾（他強烈反對主權表現被「併入」從眾，被「淹沒在個人模仿他人的生命中」），雖然他也不會將之等同於自我解放或是衝破「在己」狀態保護盾的原初行動。他強調，「生命的主權表現之勝利並非事屬必然」。[10]

主權表現有個強大對手——「受制」（constrained）表現，由外在誘發的表現，因此是他律、而非自律的表現；更確切地

10　　Løgstrup, *After the Ethical Demand*, pp. 4, 3.

說（或許也是更符合洛士特意圖的詮釋），是動機（一旦動機被重新表述為或扭曲為**原因**）投射到外在能動者的一種表現。

「受制」表現的例子名之為攻擊、嫉妒與羨慕。在每個例子中，行為的一項顯著特徵是自我蒙蔽，目的是偽裝行動的真實動機。比如說，個人「太過自傲以致於無法忍受自己行事有誤的想法，因此需要用攻擊來將注意力從自己的過失移轉開，而達成這效果的方法，就是將自己看成受委屈的一方……既然以身為抱屈一方來得到滿足，個人就必須捏造冤屈來餵養這種自我沉溺」。[11] 行動的自律本質因此被隱藏；成為劇中真正行動者的，是被控有錯在先，誠屬罪魁禍首的**另一方**。自我因此完全屬於承受的一方；自我是**他者行動的受害者**，而非行動者。

這樣的幻覺一旦被接受，就似乎會自我推動、自行強化。為了保持可信度，歸咎於另一方的惡行就必須越來越可怕，且最重要的是，它們必須越來越無藥可救、難以彌補；而受害者因此所受的苦難，就必須被宣稱為**越來越糟糕、痛苦**，如此一來，自命的受害者才能繼續辯解，自己越來越惡劣的手段是「合理回應」已犯惡行，或是防範將來的可能暴行。「受制」行動需要持續**否定**它們的自律性。正因如此，它們成為承認自我主權以及自我據此承認採取相應行動方式的最根本障礙。

11　Ibid., pp. 1-2.

透過揭露與不採信自我蒙蔽來克服仰賴自欺的自我受制，因此成為自由表現生命主權之初始、不可或缺的條件；而生命的主權表現，是一種首要展露在信任、同情與慈悲上的表現。

在大半部人類歷史中,「臨現的當下」與潛在、可行的「行動的當下」都是重疊的。

我們的祖先幾乎沒有任何工具可讓他們在相隔遙遠之處有效行動——但他們看到的人類苦難,幾乎都不會遙遠到難以用手邊工具來觸及。我們祖先所面臨的一切道德選擇幾乎完全限定在當下、面對面聚合與互動的狹小空間裡。每當面臨抉擇時,善惡的選擇因此可被「生命的主權表現」激勵、影響,甚至在原則上受其控制。

然而在今日,倫理要求的緘默正前所未有地震耳欲聾。這要求會激勵並祕而不宣地主導「生命的主權表現」;然而,儘管這些表現還是保有其當下的特性,觸動與誘發它們的對象卻早已駛離,遠超出鄰近/當下的空間。除了我們可能在身邊用(不藉助其他工具的)裸眼直接看見的,我們現在還每天「間接」知悉**遙遠**的苦難與**遙遠**的酷刑。我們現在都有電視/千里眼;但我們之中卻鮮少有辦法做千里**行動**。

假設我們不僅能看到、還能緩和或治癒的苦難,把我們置放在一個能被「生命的主權表現」掌控(即使是極端困難地)的道德選擇形勢裡——我們被(間接)告知者與我們能(直接)影響者之間越來越大的鴻溝,把伴隨所有道德選擇的不確

定性提升至前所未有的高度,一個我們的倫理天賦不熟稔且甚或無法運作的高度。

我們很想逃離那種感到無能的體悟,這種體悟令人痛苦,或許亦令人難以忍受。想把「難以處理」變成「無法觸及」的誘惑持續不斷,而且正在增加中⋯⋯

岡柏特（Gary Gumpert）與德魯克（Susan Drucker）說：「我們越使自己超脫當下的環境，就越依賴對那環境的監控……在全世界的許多市區裡，家現在的存在目的是為了保護棲居其中的人們，而不是讓他們融入其社區裡。」[12]

葛雷姆（Stephen Graham）與馬文（Simon Marvin）說：「當居民把溝通空間延伸到國際領域時，他們通常同時也透過越來越『聰明』的保全設備來使自己的家脫離公共生活。」[13]「幾乎全世界的所有城市都開始出現一些空間與區域範圍，強力與全市、全國、國際、甚至全球的其他『重要』空間連結。然而，在這樣的地方，對於肉體上接近、但社經上遙遠的地方與人們，也通常同時有一種明顯而越來越強的在地絕緣感。」[14]

這種藉由（為全球菁英所居住與使用的）重要都市空間之間的聯繫所產生的新型治外法權，排泄出的廢棄物是失聯與被遺棄的空間——舒瓦澤（Michael Schwarzer）稱之為「鬼域」

---

[12] G. Gumpert and S. Drucker, 'The mediated home in a global village', *Communication Research 4* (1996), pp. 422-38.
[13] Stephen Graham and Simon Marvin, *Splintering Urbanism* (Routledge, 2001), p. 285.
[14] Ibid., p. 15.

(ghost ward)的空間，在此，「夢想被惡夢取代，危險與暴力也比其他地方來得普遍」。[15]為了使距離無法橫越，為了防範滲漏的危險、避免區域純粹性被污染，便利工具的容忍度零，把無家可歸的人從他們能謀生但也十分礙眼的空間，放逐到他們兩者皆不能做的禁區。

正如柯司特（Manuel Castells）首先提出的，在兩種城市居民的生活世界之間，存在著越來越大的對立，以及越來越徹底的溝通破裂：

> 上層空間通常與全球通訊和廣大的交流網路連結，願意接收包含全世界的訊息與經驗。光譜的另一端則是區塊化的在地網路，通常根基於族群，以自己的認同作為最有價值的資源，藉此保衛自己的利益，並在最終捍衛自己的存有。[16]

從這描述浮現出的畫面，是兩個彼此隔離而疏遠的生活世界。只有後者有領域界線，可用傳統的地理、非心靈、「實際」的概念去理解。生活在前者的人可能和其他人一樣「**處於**

---

15 M. Schwarzer, 'The ghost wards; the flight of capital from history', *Thresholds 16* (1998), pp. 10-19.

16 M. Castells, *The Information City* (Blackwell, 1989), p. 228.

某地方」,卻不「**屬於**那地方」——尤其是心靈上,不過,如果他們希望的話,身體上也往往如此。

「上層」的人們不屬於他們所居住的地方,因為他們掛懷的事情位居(或者該說是漂向)別處。我們可以推想,除了不受打擾、因而能自由地完全專注從事自己的娛樂,以及確保提供(無論如何定義之)生活每日所需與舒適的設施無虞以外,他們在自家座落的城市中沒有任何其他既定利益。對於他們而言,城市居民所具有的意義,並不像以往對於工廠主人與販售消耗品及知識的商人來說一樣,是其放牧地、財富來源或負責監護照管的人。因此,他們對於「自己」城市的事務整體來說都**漠不關心**,他們所處的城市只是眾多地區之一,而從網際空間——即使虛擬,但那卻是他們真正的家——的觀點來看,所有那樣的地點都是小而微不足道的。

另一個、「下層」城市居民的生活世界跟第一種正好相反。這種生活世界最主要的界定特徵,是與全球通訊網路的切離,而「上層」的人們則與全球通訊網路連結,並據此調整自己的生活。下層城市居民「注定屬於在地」——因此可以也應該料想得到的,他們伴隨著不滿、夢想與希望的注意力,會集中在「在地事務」上。對他們而言,追求生存和一個像樣地方的戰役,是在他們所處城市中發動、進行的,儘管他們有時勝利,但多數時刻,他們是戰敗的一方。

在現代性從「固態」(solid)階段過渡到「液態」階段的過程中,影響力最為深遠的社會、文化與政治發展,可說是新的全球菁英脫離他們以往與在地民眾的接觸,以及脫離者與被拋棄者的生活／經歷空間之間越來越大的隔閡。

以上的概略描述中包含許多事實,且句句屬實。但非全部事實。

消失或重要性被貶低的事實中最重要的部分,是較任何其他部分都更能解釋當代都市生活最重要(且從長期來看,可能是最具影響力)之特性的部分。這個特性便是全球化的壓力與地方認同的協商、形成及改造之間的密切交互作用。

如果我們把當代生活境況與生活政治的「全球」與「在地」面向置放在兩個只有偶爾少量溝通的不同空間裡,就像「『上層』的退出」最終會暗示的那樣,那我們就犯下了一項嚴重的錯誤。在其新近出版的研究中,史密斯(Michael Peter Smith)反對一種可以哈維(David Harvey)或傅利曼(John Friedman)作為代表的看法,這種看法把「全球經濟流動的動態但無地方性邏輯」與「地方及在地文化的靜態圖像」(現在被「規定」為「在世存有」〔being-in-the-world〕的「生活地方」〔life place〕)相對立。[17]史密斯自己的意見,是「在地性

---

17 Michael Peter Smith, *Transnational Urbanism: Locating Globalization* (Blackwell, 2001), pp. 54-5;請參閱 John Friedman, 'Where we stand: a decade of world city research', in P. L. Knox and P. J. Taylor (eds), *World Cities in a World System* (Cambridge University Press, 1995); David Harvey, 'From space to place and back again: reflections on the condition of postmodernity', in J. Bird et al. (eds), *Mapping the Futures* (Routledge, 1993)。

絕非『存有』或『社群』之靜態存有論的反映,而是『正在成形的』動態建構」。

的確,全球經營者(global operator)所處之抽象、「不知名地方某處」的空間與「在地者」所處之活生生、有形體、極端「此時此地」伸手可及的空間,兩者間的分界線只有在不食人間煙火的理論世界裡才能被輕易勾勒出來;在理論世界裡,人類生活世界混雜糾結的內容先是被「釐清」,然後被歸檔,並為了條理清晰而被裝箱到各自的區塊。然而城市生活的實在大大攪亂如此乾淨俐落的劃分。都市生活的優雅模型,以及在建造模型時所運用的強烈對立,或許能帶給理論建立者許多智識上的滿足,但對都市計畫者而言卻非什麼實用指南,更無法支持努力克服城市生活挑戰的都市居民。

近來真正塑造我們一切行為所受制之境況的勢力在全球空間流動,但整體來說,我們的政治行動機構卻依然縛於地面;一如以往,它們仍舊在地。

運作於都市空間的政治機構,因為主要仍然在地,所以在政治舞台上往往不幸缺乏足夠的行動力,尤其是不足以有效、具權威性地行動。然而另一個結果,則是享有治外法權的網際空間(權力的遊戲場)的缺乏政治。

在我們全球化的世界裡,政治往往越來越**在地**,激昂而自覺地**在地**。被逐出網際空間或遭其拒於門外的政治,退而求其次地返回「伸手可及」的事務,包括在地事務與鄰里關係。對於我們當中大部分人大部分時間而言,這些似乎是我們能「有所建樹」、影響、補救、改善、改變方向的**僅有議題**。我們的行動或無為,只在在地事務上才能「帶來改變」,至於其他明明白白「超在地」的事務,我們便(又或者我們一再被政治領袖與其他所有「知情者」如此告知)「毫無選擇餘地」。我們於是懷疑,假使我們能採行的方法與所擁有的資源都不足得可憐,那麼無論我們做什麼或能明智地盤算該做些什麼,事情都會順其自然軌跡運行。

甚至就連來源與起因毫無疑問是全球性、遙遠而深奧的問

題,也只透過它們的在地衍生物與影響才進入政治關切的領域。只有在有毒廢棄物傾倒場在隔壁,在「我們自家的後院」,與我們的家園令人害怕地鄰近、卻也令人激勵地「伸手可及」時,全球的空氣污染或水資源,才會變成政治議題。只有當社區醫院被拆除,或地方老人之家與精神療養機構被逐步淘汰時,顯然是跨國製藥廠恣意追求利潤所導致的健康議題商業化,才會進入政治視野。在全球滋長之恐怖主義所帶來的大浩劫,只有紐約這個城市的居民必須面對,至於其他城市的議會與市長則必須擔負起保護個人安全的責任,儘管人們現在認為個人安全極易受到遠超出任何市政當局管轄範圍之勢力的傷害。只有在形形色色的「經濟移民」湧入曾經看來如此齊一的街道,全球生活境況的慘狀與各民族的流離失所,才會進入政治行動的視野⋯⋯

　　簡而言之:**城市已變成全球性問題的傾倒場**。城市的居民與他們選出的代表,往往面臨一項他們無論如何想像都無法完成的任務:替全球矛盾尋找在地解決的任務。

　　因之產生了柯司特提到的弔詭,「在一個日趨為全球化過程所結構化的世界裡,日趨在地化的政治」。「過去曾有意義與認同的生產:我的鄰里、社區、城市、學校、樹木、河川、海灘、教堂、安詳、環境。」「人們無力對抗全球的旋風,所以

只好堅守自己。」[18]我們要注意,他們越「堅守自己」,就往往越「無力對抗全球的旋風」,也越無能決定在地以及表面上屬於他們自己的意義與認同——這正合全球經營者之意,因為他們沒理由害怕無自禦能力者。

正如柯司特在其他地方所暗示,「流動空間」(space of flows)的創造,建立了一種透過脫離之威脅來進行支配的新(全球)階序。「流動空間」可「逃避任何地方的控制」——而(且因為!)「地方的空間被區塊化、在地化,並因此越來越無力面對流動空間的易變。地方反抗的唯一機會,是拒絕勢不可擋之浪潮的登陸權——但結果只是看到它們在鄰近地方登陸,因此導致反叛社區被繞過與邊緣化」。[19]

在地政治,特別是都市政治,已無可救藥地負荷過多——遠超出它承載/執行的能力。它現在得運用已因失控的全球化而少得可憐的方法與資源,去減輕失控的全球化所帶來的後果。

18　Manuel Castells, *The Power of Identity* (Blackwell, 1997), pp. 61, 25.
19　Manuel Castells, 'Grassrooting the space of flows', in J. O. Wheeler, Y. Aoyama and B. Warf (eds), *Cities in the Telecommunications Age: The Fracturing of Geographies* (Routledge, 2000), pp. 20-1.

在我們快速全球化的世界裡,沒有人是真正的「全球經營者」。具有全球影響力並漫遊世界的菁英,所能做到的頂多只是擴展自己的流動範圍。

倘若事情熱絡到令人不舒服,倘若他們的城市住所周圍的空間太危險、太難以掌控,他們大可遷移別處;他們有其(實體上的)近鄰所沒有的選擇。這種逃避在地不適的選擇,為他們帶來其他都市居民只能夢想的獨立,以及其他都市居民沒有本錢享受的一種高高在上的冷漠。他們對於「使城市事務井然有序」所承擔的責任,比起那些較無自由去單方面掙脫在地紐帶者所承擔的責任,往往較不完整、較有條件得多。

然而這並不表示,在他們追尋「意義與認同」(如同周遭的人,他們一樣熱切需求和渴望意義與認同)時,與全球連繫的菁英就可以不在乎他們居住與工作的地方。跟其他男女一樣,他們都是城市景觀的一部分,而不管他們願不願意,他們的日常事務都鑲嵌在其中。身為全球經營者,他們可在網際空間漫遊。但身為人類能動者,他們日復一日被局限在自己工作的實體空間內,局限在事先被設定好並在人類追尋意義與認同的過程中持續被再加工的環境裡。在**地方**,人類的經驗得以形成、蒐集,生命的共享得以經營,其意義得以孕育、吸取和協

商。正是**在地方**以及**歸屬於地方**，人類的衝動及欲望才得以成形、醞釀，人類才有望在生活中獲得滿足，干冒受挫的風險，而他們也確實多半受挫。

當代城市是全球勢力與頑強的在地意義與認同交會、衝突、對抗與尋求令人滿意或勉強可接受之和解的戰場——一種被期望是持久和平的共存模式，但結果通常證明只是暫時休兵，只是修補破損防禦工事與重新部署戰鬥部隊的中場休息時間。正是兩者之間的對峙，而不是任何單一因素，啟動並引導「液態現代」城市的動力。

且讓我再進一步強調：是**任何**城市，即使並非都達到相同程度。史密斯最近到哥本哈根時，記錄自己在短短一小時的散步中，「經過了土耳其、非洲以及中東移民的小團體」，看到「數個蒙面紗與未蒙面紗的阿拉伯婦女」，見到「好幾個非歐洲語文的招牌」，並且「在堤佛里花園（Tivoli Garden）對面的一家英式酒吧裡，與一個愛爾蘭酒保相談甚歡」。[20] 史密斯說，稍後在同一週於哥本哈根發表之關於跨國往來的演講裡，這些田野經驗十分有用，「當一個提問者主張，跨國主義的現象或許適用於像紐約或倫敦一樣的『全球城市』，但對於像哥本哈根這類較偏僻的地方則不甚相關時」。

20　Smith, *Transnational Urbanism*, p. 108.

美國城市的近期歷史充滿了大逆轉——不過保全及保安議題始終如一地點綴其上。

　　比如說，我們從漢尼根（John Hannigan）的研究得知，[21]在上個世紀後半葉，美國大都會區的居民突然開始對潛藏在內城區黑暗角落裡的犯罪感到恐慌，因而導致市中心的「白人出走」——雖然僅僅在數年前，這些「內城區」還強力吸引著人潮，因為它們所提供的大眾娛樂，是其他人口密度較低的都會區所無法提供的。

　　無論犯罪恐慌有無根據，或是犯罪率的突然高漲是否為狂熱想像力的虛構，結果都是內城區遭棄而荒蕪，「尋歡作樂的人數減少，視城市為危險之地的比例增加」。另一位作者在1989年論及其中一個城市——底特律——時提到，「街道在黃昏後是如此荒涼，以致於這城市看來像是個鬼鎮——像是華盛頓特區，國家的首都」。[22]

　　漢尼根發現，在世紀末出現了一種相反趨勢。在「今夜不要出門」的恐慌及其所造成的城市「沙漠化」導致多年的不景

21　John Hannigan, *Fantasy City* (Routledge, 1998).
22　B. J. Widick, *Detroit: City of Race and Class Violence* (Wayne State University Press, 1989), p. 210.

氣以後,美國城鎮的領袖結合出資人,奮力使城鎮中心再度活絡起來,成為想尋歡作樂者難以抗拒之地,因為「娛樂重回市中心」,而「每日在市區與郊區通勤往返的人們」也被拉回內城區,因為他們想找到「郊區所缺乏的刺激與安全兼顧的東西」。[23]

無可否認地,由於長久惡化、通常激烈翻騰而間或爆發的種族對立及敵意,美國城市境況這種神經質的大逆轉,或許比其他種族衝突與偏見較少或不會在悶燒著的不確定性與慌亂情緒火上加油的地方,要來得顯著而突然。然而,大城市生活的引力與斥力,以及對大城市生活的熱情與反感,都在許多或絕大多數歐洲城市的大半近期歷史中,以一種略輕微、較減弱的形式留下痕跡。

23　Hannigan, *Fantasy City*, pp. 43, 51.

城市與社會變遷幾乎是同義詞。改變是城市生活的特性、都市存在的模式。改變與城市或許可以、甚至應該藉由互相指涉來定義。但為何如此？為何一定得如此？

城市通常被定義為陌生人相遇、長時間彼此鄰近與互動，但對彼此卻仍然是陌生人的地方。聚焦於城市在經濟發展上所扮演的角色，雅各（Jane Jacobs）指出，人際溝通的密度是都市典型焦躁不安的主要原因。[24]城市居民不見得比其他地方的人聰明——但空間占用率的稠密造成需求的集中。因此在其他地方沒被提出的疑問，在城市中被提出；人們在不同環境下無需面對的問題，也在城市中出現。面對問題與發出疑問是一項挑戰，把人類的創造力延展到前所未有的長度。這接著又替居住在較悠閒、但也較沒前途的地方的其他人提供了一種誘人機會：城市生活不斷吸引新來者，而新來者的特徵就是帶來「看事情的新方式，以及或許能解決舊問題的新方法」。新來者是都市的陌生人，而那些已安定下來的舊居民因為熟悉而不再注意到的事物，透過陌生人的眼光來看，卻是奇特而需要解釋的。對於陌生人，且特別是當中的新來者而言，城市裡沒有任

---

24 見普菲特（Steve Proffitt）在 *Los Angeles Times*, 12 Oct. 1997 的訪問。

何事物是「自然」的,他們不把任何事物當成理所當然。新來者是平靜與自滿的死敵。

這或許並非城市本地人所樂見的情形——但卻也是他們的福氣。當城市的方法與策略被挑戰、質疑、擺上被告席時,它所能提供的機會是最佳、最生氣蓬勃、最豐富的。經濟學者、地理學者與都市計畫者史多坡(Michael Storper),[25]把密集之都市生活所特有的內在活潑與創造力,歸因存在於「複雜組織的單位之間、人與人之間以及人與組織之間」協調不良、永遠處於變化中的關係所引發的不確定性——這在都市高密度與緊密鄰近的情況下是無可避免的。

陌生人不是現代新發明——但是未來長時間、甚至永遠都仍然陌生的陌生人則是現代新發明。在典型的前現代城鎮或村落裡,陌生人不被允許長時間陌生。當中有某些人會被驅逐出境,或是一開始就不被允許通過城門進入。那些希望或被許可進入及逗留的人,往往會被「熟悉化」——仔細盤問並快速「歸化」——以期他們能像已安定的城市居民一樣加入關係網路:以**人際**的模式。這樣做有其結果——與我們從當代、現代、擁擠與高人口密度的城市經驗中所熟悉的過程有顯著的差別。

25　Michael Storper, *The Regional World: Territorial Development in a Global Economy* (Guilford Press, 1997), p. 235.

無論城市在其歷史中發生些什麼，無論在這些年或這些世紀裡，都市的空間結構、外觀與風格可能有多劇烈的改變，有一項特徵是不變的：城市是陌生人彼此密切緊鄰地居留與移動的空間。

始終與到處都有陌生人臨現於眼前與身邊，是城市生活的一項固定成分，而這又為所有城市居民的日常事務帶來大量的恆久不確定性。那種不可能迴避超過短暫片刻的臨現，是一種永遠不會枯竭的焦慮來源，它具有一種通常潛伏著、但屢屢可能爆發的侵略性。

對未知的恐懼雖然潛在卻四面環伺，拚命尋找可靠的發洩管道。累積的焦慮往往發洩在從「外來者」裡挑選出來的類別，他們被選出來象徵「陌生」、不熟悉、生命背景的不透明、風險與威脅的曖昧不明。當「外來者」中被選出來的類別被驅逐出家庭與商店，不確定性的駭人幽靈就暫時被驅逐，不安這個可怕怪物的肖像被燒毀。邊界的關卡被煞費苦心地層層建立，好抵擋「假政治難民」，而「單純經濟上」的移民則希望能穩固自己不可靠、飄忽不定與難以預料的存在。但是無論「不受歡迎的外來者」面臨什麼樣的困境，液態現代生活必定會持續飄忽不定與善變，因此焦慮的減緩是短暫的，而依附在

「強硬而果決之方法」上的希望在興起後馬上破滅。

根據定義，陌生人是個其意圖最多只能猜測、永遠無法確實得知的能動者。在衡量該做什麼與行為該如何表現的決定時，陌生人是所有運算方程式中的未知變數；因此，即使陌生人沒成為公然挑釁的對象、沒有被公開而積極地憎恨，行動領域中陌生人的臨現仍然使人不安，因為它苛求我們去預測行為的結果，以及行為成功或失敗的機率。

與陌生人共享空間，在陌生人不請自來卻冒失莽撞地接近自己的狀態下生活，這是城市居民難以或無法避免的境況。陌生人的鄰近是他們的宿命，他們必須進行實驗、試驗及測試，（但願能）找出一種生活方式，好使共居愉快，使生活過得去。這項需求是「給定」、無商量餘地的，但城市居民著手滿足這項需求的方式，則取決於個人選擇。而我們每天都在做這選擇——無論是有意或無意，慎重其事或默認之。

關於巴西第二大城市,熙熙攘攘、快速發展的聖保羅,卡戴拉(Teresa Caldeira)這麼寫著:「聖保羅今日是個布滿圍牆的城市。實體障礙到處被建構——住宅、公寓大樓、公園、廣場、辦公大樓與學校周圍⋯⋯新的保安美學塑造各類建築物,強行加諸監控與距離的新邏輯⋯⋯」[26]

有財力者買給自己一間「公寓大廈」裡的住宅,好作為隱居的住所:肉體在城市中,但社會與精神上卻在城市外。「封閉的社區應該是分離的世界。它們的廣告文宣提出一種『全面性的生活方式』,一種在城市及其墮落的公共空間所提供的生活品質之外的選擇。」公寓大廈最顯著的特徵,是它「孤立於城市之外、遠離城市⋯⋯孤立意味著脫離那些被認為社會地位次等的人」,而正如開發商與房仲業者主張的,「確保孤立的關鍵因素是保全。這表示公寓大廈周圍豎立著柵欄與圍牆,還有二十四小時全天控制入口的值班警衛,以及一系列設備與服務」,「以防止他人進入」。

正如我們都知道,柵欄必然有兩側。柵欄把原本一致的空

26　Teresa Caldeira, 'Fortified enclaves: the new urban segregation', *Public Culture* (1996), pp. 303-28.

間區分成「裡面」與「外面」,但柵欄這一側的「裡面」是另一側的「外面」。公寓大廈的居民把自己圍在令人厭惡、帶來挫敗感、隱約帶有威脅性、艱辛的都市生活「之外」——圈入寧靜與安全的綠洲「之內」。然而同樣地,他們也把所有其他人圍在體面而安全的地方之外,下定決心、做好準備去維持並拚命保衛這些地方的水準,把其他人圈入自己不計代價要隔離、通通一樣寒酸髒亂的街道之內。柵欄把神氣活現者的「少數民族自願居留區」與窮困潦倒者的許多強制居留區隔離開來。對於自願居留區內的人而言,其他居留區是「我們不願進入」的空間。對於非自願居留區內的人來說,他們被幽禁其中的區域(因為他們從其他地方被驅逐)是「我們不被允許逃脫」的空間。

隔離主義與排外主義的趨勢，在聖保羅展現其最冷酷、肆無忌憚與恬不知恥的極致；但在大部分大都市裡，都可發現它所造成的衝擊，儘管形式稍稍輕微些。

　　很弔詭地，原先為了提供所有居民安全而建造的城市，近來比較常使人聯想到危險，而不是安全。艾林（Nan Elin）說道：「（城市建造與重建裡的）恐懼因素無疑已經增大，正如以下這些現象所顯示的：上鎖的汽車與住宅大門及保全系統的增多，適合各種年齡層與收入族群之『設有門禁』與『保全』的社區的大受歡迎，以及公共空間監視程度的提升，再加上大眾媒體不斷放送的危險報導。」[27]

　　每當我們仔細盤算一個居住地方的優點或缺點時，對個人人身及財產之真實與想像的威脅，就會快速變為主要考量。在房地產行銷策略中，它們也已是最受強調的重點。對未來的不確定感、社會地位的脆弱，以及存在上的不安全感，這些在「液態現代」世界中無所不在的生命附屬品，惡名昭彰地生根於遙遠的地方，遠離個人的控制範圍，但它們所鎖定的，卻往

27　Nan Elin, 'Shelter from the storm, or form follows fear and vice versa', in Nan Elin (ed.), *Architecture of Fear* (Princeton Architectural Press, 1997), pp. 13, 26.

往是最鄰近的目標,轉為個人安全的關注;這種關注接著濃縮成隔離／排外主義的衝動,冷酷無情地引發都市空間的戰爭。

正如我們從年輕的美國建築／都市計畫評論者傅拉斯提(Steven Flusty)的知覺研究(perceptive study)中瞭解到的,[28]該如何在這場戰爭盡一份心力,成為美國城市建築革新與都市發展中最廣泛及快速擴張的關注議題,特別是策劃方法以阻礙眼前、潛在及想像的敵人進入領地,使他們保持安全距離。當中最令人驕傲、受到最廣泛模仿的新發明是「禁制空間」(interdictory space)——「設計目的在於攔截、排除或過濾想要使用的人」。明確地說,「禁制空間」的目的是區分、隔離與排斥——不是建築橋樑、簡易通道以及聚會場所,不是促進溝通或讓城市居民聚首。

傅拉斯提所辨識、列舉以及命名的建築／都市計畫發明,可說是前現代時期之護城河、塔樓與城牆砲眼的科技改良版;但它們的建立是為了使城市居民分散,防禦現在扮演敵人角色的彼此,而不是保衛城市及其居民以抵抗外來敵人。傅拉斯提還列舉了以下的發明:「滑溜空間」(slippery space),「因為入口通道扭曲、綿延或找不到而無法抵達的空間」;「刺棘空間」(prickly space),「因為有安裝在牆上用來趕走閒蕩者的灑水

---

28 Steven Flusty, 'Building paranoia', in Elin, *Architecture of Fear*, pp. 48-52.

噴頭以及禁止就坐的傾斜護欄等小機件保衛著,而無法讓人感到安適的空間」;還有「不安空間」(jittery space),「因為巡邏隊與／或聯繫保全站之遠距科技的時時監控,因此使用時無法不被監視的空間」。這些以及其他種類的「禁制空間」只有一個(雖說複合的)目的:在連綿不斷的城市領土中,切割出一塊塊享有治外法權的飛地,建立小小堡壘,讓超領土的全球菁英得以在裡頭梳洗整裝,建立並享受自己的肉身獨立與精神孤立,好遠離在地性。在城市地景中,「禁制空間」成為以在地為基礎之共享式社區生活**瓦解**的地標。

傅拉斯提所描述的發展,是無所不在之混合恐懼症（mixophobia）的高科技表現形式。

在當代城市的街道上與其中最「尋常」（解讀：不受「禁制空間」保護）的住宅區中,擦肩而過之人物類型與生活型態的多變性,令人驚慌失措、毛骨悚然且心神不寧,因此,混合恐懼症是非常可預料而普遍的反應。由於全球化時代都市環境之多音性與文化多樣性的到來——及其將隨時間增強、而非減弱的可能性——環境中令人煩惱／困惑／煩躁的陌生感所引起的緊張情勢,將可能繼續激發隔離主義的衝動。

這種衝動的表達,或許能（暫時但反覆地）抒解升高的緊張情勢。它提供希望：令人厭惡與驚慌的差異或許棘手而無法攻破,但透過分派給每個生命形式一個（包容與排外的）分離、有明確標誌且有良好守衛的實體空間,或許螫針的毒藥可被去除。如果缺乏那極端的解決方法,也許我們至少可替自己、親友以及其他「像我們的人」,取得一塊乾淨的領土,遠離無可救藥地侵襲其他城市區域的雜亂邋遢。在多樣化與差異性的大海中駛往類似性與相同性的島嶼,這正是混合恐懼症的表現。

混合恐懼症的源頭很平常——一點都不難找出,很容易理

解,即使未必能輕易寬恕。正如桑內特所說,「『我們』的感覺,表達出想與他人相似的欲望,是人類逃避看進彼此內心深處之必要性的方法」。我們可以說,它能帶來精神慰藉的指望:藉由免除生活於差異性中以及與差異性共處時必須去瞭解、協商、妥協的努力,共處的前景變得較易忍受。「在形塑一致之社區形象的過程中所固有的欲望,是逃避實際的參與。缺乏共同經驗卻感受到共同的紐帶,其發生的理由首先是因為人們害怕參與、害怕它的危險與挑戰、害怕它的痛苦。」[29]

邁向「類似性社區」表示不只從外部的他性中撤退,也從內部活潑但動盪、鼓舞人心卻麻煩累贅的互動義務中撤退。「相同性社區」的魅力,就像一張保障充斥於多音世界日常生活之風險的保單一樣。它並不減少風險,更不擊退它們。如同所有緩和劑一樣,它只承諾避開那些風險之中某些最直接、最被擔憂的影響。

受混合恐懼症影響而選擇逃避,有其獨特的一種有害的潛藏後果:這種策略越是起不了什麼作用,就越會自我延續、自行強化。為何——甚至是必然——如此,桑內特解釋道:「過去二十年來,美國城市的發展方式,使得族裔區域變得相對同

---

29   Richard Sennet, *The Uses of Disorder: Personal Identity and City Life* (Faber, 1996), pp. 39, 42.

質化;不令人意外地,對外人的恐懼也升高到致使這些族裔社區相互隔絕。」[30] 人們留在一致的環境越久——與「像自己」的其他人為伍,和這些人他們可以馬馬虎虎或實實在在地「社交」,而不會招惹誤解的風險,無庸費力掙扎去傷腦筋地在不同的意義宇宙之間轉譯——就越可能「忘卻」協商共享意義與共同生活方式的藝術。

既然他們已忘記或疏忽去學習與差異性共存所必需的技能,也難怪這樣的人會越來越恐懼與陌生人面對面接觸。由於陌生人越來越歧異、陌生、難懂,由於最終能將他們的「他性」消化吸收到自己生活世界的對話與互動逐漸減少,或壓根就不曾發生,於是他們往往變得越來越令人害怕。通往具同質性、領土上孤立之環境的路程,可能由混合恐懼症引發;但是**實行**領土隔離,則是那混合恐懼症的救生圈與伙食供應商。

30　Ibid., p. 194.

然而混合恐懼症並不是都市戰場上的唯一鬥士。

　　城市生活是種惡名昭彰的矛盾經驗。它**既**吸引人**又**使人厭惡，但讓城市居民的困境更加複雜的是，城市生活中間歇或同時吸引人與使人厭惡的，是**相同**的面向⋯⋯都市環境令人困惑的多樣性是恐懼的一項來源（特別是對我們之間已經失去「以往熟悉方式」、已被全球化的顛覆過程拋入一種劇烈不確定狀態中的人而言）。然而，也正是相同的那些如萬花筒般五光十色、從不缺乏新穎與驚奇的都市景色，構成其難以抗拒的魅力與誘惑。

　　面對永無止息且常常令人迷惑之城市景觀的經驗，因此並不盡然是一種災難與詛咒，而避開它也不盡然是一種純粹賜福。除了混合恐懼症，城市也同樣並同時鼓勵**混合癖**（mixophilia）。城市生活在本質上有著無可救藥的**矛盾**。

　　一座城市越大、越異質化，所能維持與提供的引力就越強。陌生人的大量匯聚令人厭惡，卻又同時是塊強力的磁鐵，吸引著一群群的男女來到城市，因為他們厭倦了單調的鄉村或小鎮生活，受夠了其反覆的固定例行生活（並對其缺乏機會之黯淡無光前景感到絕望）。多樣性保證了機會，許多且不同的機會，可以讓各種技能發揮、迎合各種愛好的機會——因此城

市越大,就越有可能吸引越來越多在幅員較小之地被拒絕居住與生活機會或主動排斥這些機會的人們,因為小地方對個人特質的容忍度較小,也較吝於提供機會。如同混合恐懼症,混合癖似乎也是一股自發推進、自我繁衍、自行鼓舞的趨勢。這兩者都不可能耗盡自己的精力,也都不可能在都市更新與都市空間翻新的過程中失去活力。

　　混合恐懼症與混合癖並存於每座城市中,但它們也共存於每位城市居民的內在。的確,這是一種很不穩定的共存,充滿了聲音與憤怒——雖說對於收受液態現代矛盾的人意義很重大。

既然不管都市歷史將來有何轉折，陌生人都一定要在彼此的陪伴下繼續生活，那麼，與差異性和平快樂生活的藝術，泰然自若地受益於刺激與機會之多樣性的藝術，在城市居民所必須學習及展現的技能中就具有至高的重要性。

有鑑於液態現代時期升高的人類流動性，以及都市場景在演員、情節與布景上的加速變化，即使完全根除混合恐懼症不可能發生——我們或許還是能做些什麼，好影響混合癖與混合恐懼症的組成比例，藉此減少混合恐懼症令人困惑、造成焦慮與苦惱的衝擊。確實，建築師與都市計畫者似乎能做許多事來促進混合癖的成長，並使得以混合恐懼症去回應城市生活挑戰的機會降到最低。而他們似乎也能做許多促進相反效果的事，事實上，他們也正如此做著。

正如我們先前所看到的，住宅區與公共參與空間的隔離，對開發商極具商業魅力，對其客戶也相當誘人，因為它可快速解決由混合恐懼症所帶來的焦慮，但事實上，它卻是混合恐懼症的主因。這些待價而沽的解決之道，可以說創造了它們宣稱能解決的問題：設有門禁之社區與守衛森嚴之公寓大廈的建商以及「禁制空間」的建築師創造、繁殖並強化他們宣稱能滿足的需求。

混合恐懼偏執狂自我壯大，並自我實現其預言。假如隔離隨手可得且被當成能徹底治療陌生人所代表之危險的方法，那麼與陌生人共居就將日益困難。使生活區域同質化，然後把彼此之間的所有社交與溝通降低到無可避免的最低限度，是讓排外與隔離衝動更劇烈、更深切的一劑妙方。這種手段或許能幫助減少混合恐懼症患者所承受的痛苦，但這治療法本身就會引發疾病，且加深其折磨，以致於需要更新的藥品、更強的劑量，才能使痛苦保持在可忍受的程度。被空間性隔離突顯與強化的空間社會同質性，減低其居民對差異性的容忍度，因而增加混合恐懼症的觸發機會，使得城市生活看似更加「具危險傾向」，且因此更令人苦惱，而不是讓它感覺更安全，並因此更隨和、更有樂趣。

　　較利於確立及發展混合癖情緒的，會是建築師與都市計畫者的相反策略：增加開放式、誘人且賓至如歸的公共空間，讓所有類型的都市居民都會想經常前往、刻意前往，並樂意與人共享。

　　正如高達瑪（Hans Gadamer）在《真理與方法》（*Truth and Method*）中提出的著名說法，彼此瞭解的促進有賴於「視野的融合」（fusion of horizons）──認知視野，也就是說，生活經驗累積過程中所描繪與擴展的視野。彼此瞭解所需要的「融合」或許只是**共享**經驗的結果；而沒有共享空間，就很難

想像共享經驗。

彷彿是為高達瑪的假設提供紮實的經驗證明,保留給商務旅客與其他新興的漫遊世界菁英或「全球性統治階級」之面對面聚會的空間(像是超國家的全球連鎖旅館與會議中心)——或僅只是像在同一家餐廳吃飯或同一間酒吧喝酒一樣共享空間、「混雜一處」、一起「相處」——在菁英族群的整合上扮演著重要角色,儘管文化、語言、教派、意識型態或任何其他差異在其他方面會使之分裂,妨礙「我們擁有共同歸屬」之情操的發展。[31]

的確,彼此瞭解的發展,以及這種瞭解所需之生活經驗的共享,是為什麼生意人與學者仍持續旅行、拜訪彼此並在會議中聚頭的唯一理由,儘管電訊的發展已使得溝通更快速,並省卻許多麻煩與雜務。假如溝通能化約成資訊的轉移,而不需要「視野的融合」,那麼在我們這網際網路與全球資訊網的時代裡,實體的接觸與(即使短暫而間歇的)空間及經驗的共享早已成為多餘。但事實卻不然,而且到目前為止,也沒有任何跡象顯示將會如此。

31　可參閱 William B. Beyer, 'Cyberspace or human space: whither cities in the age of telecommunications?', in Wheeler, Aoyama and Warf (eds), *Cities in the Telecommunications Age*, pp. 176-8.

有些事情建築師與都市計畫者做了以後,能改變混合恐懼症與混合癖之間的平衡,使之有利於後者(正如他們也能有意或無意地促成相反趨勢一樣)。但若他們單獨行動,且只依賴自己行動的效果,則其成就便有限。

混合恐懼症的根源——對於陌生人與陌生事物之過敏、熱病般的感受力——超出建築學的能力或都市計畫者的權限。當代男女出生成長於變化加速與四散之去管制、個人化、流動的世界中,而這些根源深入他們的存在境況。無論城市街道的形狀、外觀、氣氛以及城市空間的運用對日常生活的品質有多重要,它們都不盡然是促成帶來不確定性與焦慮之不穩定狀態的最重要因素,只是其中的一環。

最重要的是,混合恐懼症的情緒經由使人不知所措的不安全感引發並加深。最容易受到混合恐懼症的誘惑,最可能陷入其圈套的,是對自己在世界上的定位、生活展望以及自己行動的效果不確定的不安男女。混合恐懼症的圈套,就是把焦慮從真正的根源移開,傾倒至與其源頭無關的箭靶上。結果,許多人因而淪為受害者(而加害者最終也會淪為受害者),而痛苦的源頭仍然被保護著不受干擾,毫髮無傷地脫離這場戰事。

結果是,折磨著當代城市的困擾,並無法藉由改革城市本

身來解決，無論這樣的改革能有多徹底。讓我再重複一次，**來自全球的問題沒有在地的解決之道**。勞動市場的流動性、賦予在過去或目前被追求的專業技術與能力上之價值的不堪一擊、人際紐帶公認的脆弱，以及承諾與伴侶關係中被假定的不安全感與可撤回性，日日透過上述這些事情被強化之存在上的不安全感，是都市開發商提供的那種「安全」所無能緩和、更無能根絕的。存在境況的改革必須先於城市改革，因為前者是後者成功的條件。缺乏這項改革，則局限於城市所做的克服或解毒混合恐懼症壓力的努力，都注定只能是緩和劑，且往往只是安慰劑。

這點必須被牢記在心，但並不是為了要忽視好壞建築間或適與不適之都市計畫間的差別（對於城市居民的生活品質來說，這兩者或許是十分重要的，事實上也往往如此），而是為了把這任務放在一個含括能決定做出正確選擇並堅守正確選擇之所有要素的觀點上。

當代城市是流動現代社會中畸形與變形產品的傾倒場（當然，它們自己促成了廢棄物的累積）。

解決系統矛盾與失常的方法並不集中在城市，更不局限於城市──而且無論建築師、市長與議員的想像力有多大、多值得讚賞，他們都不會找到解決方法。問題必須在它們發生的地方面對：城市內部所遭遇及承受的困擾是在他處萌芽的，而孕育培養它們的區域太廣闊，以致於連為大型都會區專門設計的工具都無法處理。那些廣闊區域的延伸甚至超越民族國家（現代所發明與實行之民主程序所能包含的最廣大、最寬闊及最具涵納性的場景）主權行動的勢力範圍。那些廣闊區域是**全球性**的，且日趨如此；而截至目前為止，我們仍未發明出符合必須被控制之力量大小與威力的民主控制方法，更談不上加以運用。

無疑地，這是一項長期任務，它所需要的關注、行動與耐力，遠勝於任何都市計畫及建築美學的革新。不過，這並不表示我們必須先暫緩邁向如此改革的努力，直到我們直接與困擾的根源對戰，並全盤掌控那些危險不羈的全球化趨勢。事實上，相反的作法才是正確的──因為雖然城市乃全球化的不確定性及不安全感所產生之焦慮與恐懼的傾倒場，但它也可以是

實驗、試煉及最終習得與吸收能撫慰並驅散那不確定性及不安全感之方法的主要訓練場。

正是在城市中,以敵對國家、不友善文明或軍事敵人身分在全球空間裡彼此對抗的陌生人,能夠以**個別人類**的身分相遇、近距離觀察彼此、與彼此對談、認識彼此的行事方式、協商共同生活的規則、合作,並遲早習慣彼此的存在,而且在越來越多場合中樂於享有彼此的陪伴。在這種必然在地的訓練後,在處理全球性事務時,這些陌生人或許神經較不緊繃、較不憂懼得多:不相容的文明或許看似到底不是那麼地不相容,相互間的敵意不像表面般棘手,而揮舞軍刀並不是解決彼此衝突的唯一方式。如果在城市街道上進行(即使是藉由試誤,而只有部分成功)的話,高達瑪的「視野融合」或許能成為一種較實際可行的方案。

學習接受新的全球局勢，特別是有效地面對它，所需要的是時間——就像人類境況中所有真正深刻、分水嶺般的轉型一樣。

正如所有這種轉型一樣，要先於歷史而行動，並預測、甚至事先計畫它將採取的形式，以及它最終將會造成的定局，是不可能（也極不明智）的。然而這必然會發生。或許，這將會是新世紀的主要關注，也將占據其歷史的絕大部分。

這場戲碼將會同時在兩個空間裡上演、策劃——在全球與在地的場景下。這兩場戲劇的結局緊緊糾纏，密切取決於它們各自的劇作家與演員有多深刻察覺到這個關連性，以及他們帶著多少技能與決心去促成另一場戲劇的成功。

IV
共處已然崩解

地球上方盤旋著一個幽靈：仇外（xenophobia）的幽靈。新與舊、永不熄滅與新近解凍加熱的部落猜忌與敵意，和從液態現代存在的不確定性與不安全感所蒸餾出來的全新安全恐懼，已經混合交融為一。

　　因為適格性測試老是永無止境而疲憊不堪精疲力竭的人們，被自己的命運那神祕而難以理解的不穩定性以及遮蔽他們前景的全球迷霧嚇得魂飛魄散的人們，拚命尋找自己試煉與磨難的元凶。不足為奇地，他們在最鄰近的街燈下——法律及秩序所樂意照亮的唯一之處——找到凶手：「使我們不安的是那些罪犯，而製造犯罪的是那些外人。」因此「能重獲我們失去或被竊之安全感的方法，就是圍捕、監禁並驅逐那些外人」。
　　麥克尼爾（Donald G. McNeil Jr）替他那篇摘要歐洲政治光譜近來變動的文章，下了「政治家迎合犯罪恐懼」的標題。[1]確實，在經由民主方式選出的政府所統治的世界裡，「我會強

---

*　本章的不同版本之前曾以「後三位一體世界裡的人類命運」（The fate of humanity in the post-Trinitarian world）為題刊載於《人權期刊》（*Journal of Human Rights*），2002，第一卷第三期。

1　D. G. McNeil Jr, 'Politicians pander to fear of crime', *New York Times*, 5-6 May 2002.

硬對抗犯罪」這句話在各地都已證明是無敵王牌,然而獲勝的牌面幾乎千篇一律由「更多監獄、更多警察、更長刑期」的承諾以及「沒有外來移民、沒有庇護權、沒有外人歸化」的誓言組合而成。正如麥克尼爾所說,「歐洲各地的政治家,利用『外人製造犯罪』的刻版印象,來將退流行的族群敵意與較為人接受的對自身安全的擔憂做結合」。

席哈克(Jacques Chirac)與喬斯潘(Lionel Jospin)在 2002 年競選法國總統時的對決,早在初步階段就已墮落成一種拍賣,雙方為了爭取選民支持,都提出更嚴酷的手段來對抗罪犯與外來移民,尤其是製造犯罪的外來移民,以及外來移民所製造的犯罪。[2] 然而首先,他們全力以赴將選民因不穩定氛圍而起的焦慮(社會地位令人忿怒的不安全感與對生計手段之未來的嚴重不確定感的交織),重新聚焦到對個人安全的恐懼(身體、個人財產、家庭與街坊鄰里的整全性)。2001 年 7 月 14 日,席哈克啟動無情的機器,宣布有鑑於上半年違法行為近 10% 的成長(這是同日公布的數據),打擊「那對安全越來越大之威脅、那越來越高升之洪水」的必要性,並聲明一旦連任成功,則「零容忍」的政策必將成為法律。在總統選戰定調

2　見 Nathaniel Herzberg and Cécile Prieur, 'Lionel Jospin et le "piège" sécuritaire', *Le Monde*, 5-6 May 2002。

後,喬斯潘迅速加入,詳盡闡述自己在共同主題上的變奏曲(因此,最被人們聽聞的,是勒龐〔Jean-Marie Le Pen〕的聲音,儘管這出乎兩位主要獨奏者意料之外,但對熟稔社會學的觀察家則不然)。

喬斯潘在 8 月 28 日宣告「對抗不安全感的奮戰」,誓言「決不縱容」,而他的內政部長維隆(Daniel Vaillant)與司法部長勒布昂旭(Marylise Lebranchu),則在 9 月 6 日宣誓他們將對任何形式的違法行為毫不留情。維隆對美國九一一事件的立即反應,是提高警方主要針對「外來族裔」郊區青少年的權限;而根據官方(即對官員方便的)說法,毒害法國人生活的不確定性與不安全感的邪惡混合物,就是在這些市郊的廣大住宅區醞釀出來的。喬斯潘自己則以越來越刻薄的言詞,繼續申斥與辱罵抱持寬大溫和態度的「天使流派」,發誓自己過去從未屬於這個流派,未來也絕不會加入它。拍賣繼續下去,而價格向上攀升。席哈克承諾要建立一個國內安全部,喬斯潘則以設立一個「負責公共安全」的部門以及「警方行動間的協調」來作為回答。當席哈克大肆張揚用來禁閉少年犯之封閉中心的構想時,喬斯潘則以少年犯之「封閉建築物」的美景來呼應,以「當場判決」的前景略勝對手一籌。

僅僅三十年前,葡萄牙(與土耳其並列)是「客工」(guest-worker)的主要供應國,德國公民害怕這些客工會剝奪

他們簡單舒適的城市景觀,並破壞作為他們安全與舒適基礎的社會盟約。今日,由於大為提升的財富,葡萄牙已然從勞力輸出國搖身一變成為勞力輸入國。在陌生國度工作才得以糊口時所忍受的艱辛與羞辱,早已迅速被遺忘:27% 的葡萄牙人宣稱,鄰里被犯罪與外國人侵擾是他們的主要擔憂,而政壇新秀波爾塔斯(Paulo Portas)光憑一張強烈反移民的牌,便幫助了新的右翼聯盟取得政權(正如丹麥齊亞斯果〔Pia Kiersgaard〕的丹麥人民黨〔Danish People's Party〕、義大利波西〔Umberto Bossi〕的北方聯盟〔Northern League〕,以及挪威極端反移民的進步黨〔Progress Party〕;而這些都是在不久前還把小孩送到遙遠國度,尋找祖國窮到無法供應之麵包的國家)。

像這樣的新聞很容易登上頭版頭條(像是 2002 年 6 月 13 日《衛報》上的「英國計畫鎮壓難民潮」;更不用說是小報的聳動標題⋯⋯)。不過,外來移民恐慌大體上還未受到西歐關注(甚至尚未為西歐所悉),且從未浮上檯面。因為各種面向的社會抑鬱(尤其是令人厭惡、無力的不安全感,也就是 Unsicherheit、incertezza、precarité 這些詞彙所表達的感受)而「怪罪外來移民」——陌生人、新移民,特別是陌生人中的新移民——正迅速成為一種全球性的習慣。正如歐洲改革中心(Centre for European Reform)的研究主任葛拉貝(Heather Grabbe)所說的,「德國人怪罪波蘭人,波蘭人怪罪烏克蘭

人,烏克蘭人怪罪吉爾吉斯與烏茲別克人」,[3]至於太貧窮而無法吸引任何飢渴地尋找生計之鄰居的國家,像是羅馬尼亞、保加利亞、匈牙利或是斯洛伐克,則把怒火轉向慣常的嫌疑犯及一旁待命的罪犯:屬於本地但漂泊,迴避固定住所,因此永遠在各地都是「新來者」與局外人的吉普賽人。

講到全球化趨勢的建立,美國毫無疑問擁有優先權,且大部分時間握有創制權。但是加入打擊外來移民的全球化趨勢,為美國帶來一個相當困難的問題。美國被公認是移民的國家:移民在美國史上被記載成一種崇高的消遣、一種使命、一種勇於冒險犯難者的英雄事蹟;因此詆毀外來移民,懷疑外來移民的崇高天職,會違反美國人的認同,或許還會致命打擊無疑是美國根基與凝固力的美國夢。但不可能的任務還是經由試誤法被努力執行著⋯⋯

2002 年 6 月 10 日,美國高層官員(包括聯邦調查局局長穆勒〔Robert Mueller〕、司法部次長湯普森〔Larry Thompson〕、國防部次長伍夫維茲〔Paul Wolfowitz〕)宣布,他們逮捕了一名在巴基斯坦參加訓練營後返回芝加哥的基地組織(Al-Qaeda)恐怖主義嫌犯。[4]依照這事件的官方說法,一名在美國

3　引自 McNeil, 'Politicians pander to fear of crime'。
4　見 *USA Today*, 11 June 2002,特別是下面三個標題下的文章:'Al-Qaeda operative tipped off plot'、'US: dirty bomb plot foiled' 以及 'Dirty bomb plot: "The future is here, I'm afraid"'。

土生土長的公民帕迪拉（Jose Padilla，這是個西班牙裔的名字，也就是說，與一長串外來移民族裔清單中相對較貧困的最新加入族群有關）皈依伊斯蘭教，改名為阿爾木札赫（Abdullah al-Mujahir），然後即刻前往他的新伊斯蘭教友那裡，接受如何傷害他從前祖國的指導。他被教授粗製濫造「髒彈」（dirty bomb）的拙劣技術——只要幾盎斯容易取得的傳統炸藥，加上準恐怖份子「能拿到的任何一種放射性物質」，就能「簡單到令人恐懼地組裝」（至於為何能「簡單到令人恐懼地組裝」的武器，會需要複雜的訓練，我們並不清楚，但在散布恐懼種子好助長憤怒葡萄時，邏輯是不相干的）。「許多一般美國人的字彙，在九一一後增加了一個新詞：髒彈」，《今日美國》（*USA Today*）的記者尼可斯（Bill Nichols）、赫爾（Mimi Hall）與艾斯勒（Peter Eisler）如此宣布。

這個事件的陳述方式真是精彩絕倫：它很有技巧地避開了美國夢的圈套，因為帕迪拉是經由自己的、自由美國人的**選擇**而成為陌生人與外國人。而恐怖主義被繪聲繪影地描繪成同時既來自外國卻又在本國無所不在，潛伏在每個角落，散布到每個街坊鄰里——就像昔日的「匪諜就在你身邊」；它因此是同樣無所不在的對於危險生活的恐懼與憂慮無懈可擊的象徵，也是這種恐懼與憂慮全然可靠的發洩管道。

然而這個權宜之計證明是個錯誤。在聯邦政府的其他部門

看來，這個案件的好處看來比較像是壞處。能「簡單到令人恐懼地組裝」的「髒彈」，會暴露斥資數十億美元打造之「反導盾牌」（anti-missile shield）的愚蠢。阿爾木札赫的美國身分，為計畫中的反伊拉克十字軍及其所有尚未命名的續集打了一個大問號。某些聯邦部門認為的大魚大肉，其他部門卻聞到毒藥的味道。目前占上風的，似乎是其他部門，因為這大有可為的事件已被即刻、迅速地掐死。但不是因為原作者不曾嘗試使之起死回生⋯⋯

現代性從一開始便生產且持續生產大量的人類廢棄物。

　　人類廢棄物的生產,在現代產業的兩個(仍然完全運作且全力開動的)部門中特別多。

　　在這兩個部門中,第一個的外顯功能是社會秩序的生產與再生產。任何秩序模型都具淘汰性,都需要切除、修剪、隔離、析出或刪除人類原料中不適合新秩序的部分:因為這些部分在秩序中找不到或不具任何位置。在秩序建立過程的另一端,這樣的部分成為「廢棄物」,有別於被意欲的「有用」產品。

　　已知持續生產大量人類廢棄物之現代產業的第二個部門是經濟發展——而這又需要某些僅能勉強維持人類生存之辦法的失能、瓦解以及最終的毀滅:因為這些維持生計的方式無法且無能滿足生產力與獲利能力不斷升高的標準。被貶抑之生活形式的實踐者,通常無法全體一起被容納在新的更精鍊、更靈活的經濟活動安排中。他們無法接近新安排所正當化／強制化的生計手段,而現在遭到貶抑的傳統手段也不再能使他們繼續生存。因此,他們是經濟發展下的廢棄物。

　　然而多虧另一項現代革新——廢棄物處理業——人類廢棄物累積之潛在具災難性的後果,在大半現代歷史中被解除、抵

銷或至少緩和。這產業欣欣向榮，因為大半地球都已變成傾倒場，所有「人類的剩餘物」，在地球現代化區域中產生的人類廢棄物，都可運送到那裡處置並淨化——藉此來擊退自燃與爆炸的危險。

地球目前正在耗盡這樣的傾倒場；主要的原因在於現代生活形式（至少從盧森堡〔Rosa Luxemburg〕以降，論者就懷疑現代性具有最終自我毀滅的傾向，如「蛇自吞尾巴」一般）蔓延全球的驚人成功。傾倒場越來越短缺。在人類廢棄物的生產未曾稍有停歇（甚至還因全球化過程而大幅增加產量）的同時，廢棄物處理業已發現自己陷入困境。已成為現代傳統的那些人類廢棄物處理方法不再可行，而新方法仍有待發明，更談不上付諸實行。大量的人類廢棄物正沿著世界動亂的斷層線浮出，而邁向自燃趨勢的前兆與即將爆炸的徵兆則呈倍數增加。

人類廢棄物處理業的危機，處於當今混亂的背後，可見諸九一一事件所引發之孤注一擲、大體上非理性且偏離鵠的的危機處理。

兩個多世紀以前，在 1784 年，康德（Immanuel Kant）說我們所居住的行星是個球體，並仔細思索了這個已被公認為陳腔濫調的事實所帶來的後果：康德說，因為我們都在這球體的表面上停留與移動，所以我們沒有其他地方可去，因此必定得永遠住在彼此附近，與彼此為伍。[譯1]保持距離，甚至拉長距離，終究是不可能的：在球體表面四處移動，到頭來將縮短人們過去試著拉長的距離。因此，透過共同公民權來達成完全的人類統一，是大自然藉由把我們放在一個球體行星表面上，替我們選擇的命運。人類的統一，是我們宇宙史的最終展望，是我們人類受到理性與自衛本能的驅使及指引，所必須追求並在時機成熟之際抵達的展望。康德提醒我們，遲早將不會留有一丁點空地，可讓我們當中那些認為所占據之地太狹窄、不友善、不舒適、不方便或其他理由而不適合的人，得以避難或得到營救。因此大自然命令我們，將（相互間的）友善對待視為

譯1　康德在《論永久和平》（*Zum ewigen Frieden*）中提出這個說法。

我們需要——且最終將必須——擁抱與遵守的最高誡律，以求終結試誤的冗長鎖鏈，終結錯誤所引起的災難，以及終結那些災難所遺留下來的荒蕪。

康德的讀者可從他兩世紀以前的書中學到全部這些。但是這世界絲毫不以為意。這世界似乎寧可用匾額來向哲學家致敬，而不是聚精會神地傾聽他們，更不是採用所聽見的忠告。哲學家或許是啟蒙抒情劇的主要英雄，但是後啟蒙悲劇史詩幾乎全都遺漏他們的台詞。

忙著撮合民族與國家、國家與主權，以及主權與四圍邊界牢牢封鎖、警戒管制的領土，這世界似乎追求著一種與康德的描繪全然不同的展望。兩百年以來，這世界忙於將控制人類遷徙打造為國家權力的專屬特權，忙於為所有其他不被控制的人類遷徙設下關卡，並在豎立起的關卡上配置小心戒備、高度武裝的守衛。護照、入出境簽證以及海關與移民管制，是現代治理術的主要發明。

與現代國家同時崛起的，是「無國籍人士」（stateless person）、無身分證明文件者（san papiers）以及無生存價值之生命（unwertes Leben）的概念，這是古老牲徒（homo sacer）制度的現代化身，[5]是主權權利的終極化身，可以排拒與驅逐任

5　正如亞干賓（Giorgio Agamben）的發現，請參閱 Giorgio Agamben, *Homo sacer. Il potere sovrano e la nuda vita* (Einaudi, 1995)。

何被拋出人定與神授律法界線以外者,把他們變成不適用任何法律的存有,使得消滅他們不會招致任何懲處,因為他們沒有任何倫理或宗教上的意義。

現代主權權力受到承認的終極之道,原來是它將人排除在人類外的權利。

在康德寫下他的結論並付梓的幾年後,另一份篇幅更短的文件出版了——一份比康德的小書還更苦惱著接下來兩世紀的歷史及其主要演員的文件。這份文件就是「人權與公民權宣言」(Déclaration des droits de l'homme et du citoyen),[譯2]對此,亞干賓(Giorgio Agamben)得益於橫跨兩世紀的後見之明評論道,這文件並未解釋清楚,到底「這兩個名詞(人與公民)指涉兩個不同的實體」,抑或是第一個名詞永遠意味著「已經包含在第二個裡面」[6]——也就是說,享有權利者,是同時也身為公民的人(或只有當他是公民時,他才是享有權利者)。

這種模糊性及其所有可怕的後果,之前已被鄂蘭(Hannah Arendt)提到過——在一個忽然之間充滿了「難民」的世界裡。鄂蘭想起真正可稱之為預言者的柏克(Edmund Burke)在

譯2 即法國大革命時提出,一般中譯時簡稱為「人權宣言」的全名。
6 Giorgio Agamben, *Mezzi senza fine* (1996),此處引文來自畢聶提(Vinzenzo Binetti)與卡薩里諾(Cesare Casarino)英文譯本,*Means without Ends: Notes on Politics* (University of Minnesota Press, 2000), p. 20。

十八世紀提出的警告:「只身為人類」的抽象赤裸性,是人類的最大危機。[7]柏克說道,「人權」是一種抽象概念,而人類幾乎無法從「人權」裡指望什麼庇護,除非這個抽象概念被填入英國人或法國人權利的血肉。「這世界並不認為身為人類的抽象赤裸性有何神聖之處」——在總結柏克發表其言論之後近一百五十年的人類經驗時,鄂蘭如此說道。「據稱不可剝奪的人權,結果證實無法執行⋯⋯每當不再是任何主權國家公民的人出現時。」[8]

的確,僅只具有「人權」——而完全沒有其他建立在制度上而更具防禦性的權利,好容納與穩固「人」權——的人類並不存在,而且在任何實質意義上是難以想像的。要認可人類的人性,一種社會性、太過社會性的**力量**(puissance、potenza、might、Macht)[9]明顯是必要的。而在整個現代紀元裡,這樣的「力量」永遠正好是**在人與非人(亦即現代名目下的公民與外國人)之間劃出界線的力量**。在這個被切分成主權國家地產的地球上,無家可歸的人是沒有權利的,而他們之所以受苦,並

7　Edmund Burke, *Reflections on the Revolution in France* (1790),此處轉引自鄂蘭,見 E. J. Payne (Everyman's Library) 版。
8　Hannah Arendt, *The Origins of Totalitarianism* (Andre Deutsch, 1986), pp. 300, 293.
9　請參閱 Agamben, *Means without Ends,* p. 143 譯注。

非因為他們在法律面前不平等——乃是因為**他們不適用任何法律**，沒有法律可在他們控訴遭受粗暴對待時作為依據，或是沒有法律可供他們訴請保護。

在寫下《極權主義的起源》(*The Origins of Totalitarianism*) 數年後，鄂蘭在一篇討論雅斯培 (Karl Jaspers) 的文章裡評述道，雖然對所有先前世代而言，「人性／人類」一直只是個概念或理想（我們可以再補充：一種哲學上的假設，一個人道主義者的夢想，有時是作戰時的助攻喊殺聲，但很少是政治行動的組織信條），但它現在已「成為某種急迫的實在」。[10]它已成為一件極度緊急之事，因為西方世界的衝擊不但已經由其科技發展的產品滲透到世界的其他部分，而且還已將「其解體的過程」輸出到世界的其他部分——其中最重要的，包括形上與宗教信仰的垮台、自然科學令人敬畏的進展，以及民族國家幾乎成為唯一一種治理形式的優勢地位。曾經在西方花費好幾世紀來「破壞古老信仰與政治生活方式」的力量，「只在幾十年間便瓦解掉……世界所有其他部分的信仰與生活方式」。

鄂蘭認為，這種統一只能產生一種「完全負面」的「人類

---

10 'Karl Jaspers: Citizen of the World?', in Hannah Arendt, *Men in Dark Times* (Harcourt Brace, 1993), pp. 81-94.

連帶」。地球每個部分的人口都被所有及每個其他部分變得脆弱不堪。我們可以說，這是一種威脅、風險與恐懼的「連帶」。大部分時間裡，而且在大多數人的想法裡，「地球的統一」濃縮成在世界——一個「向外伸展但自己無法被碰觸到」的世界——-遙遠地方醞釀發展的恐怖威脅。

每間工廠在製造意欲產品的同時也產生廢棄物。奠基在領土上的現代主權工廠也不例外。

　　在康德的沉思冥想出版後的約莫兩百年以來，領土、民族與國家的（不）神聖三位一體，幫忙擊退發展中的「世界飽和化」（以及隨之而來的承認「地球已達飽和」的衝動──康德認為，「地球已達飽和」，是理性與大自然兩者協同做出的無可避免、不容上訴的判決）。

　　正如亞干賓所說的，民族國家是一個將「出生或血統」作為「自身主權基礎」的國家。他點出，「這裡頭暗藏的虛構，是出生（nascita）立即表示成為民族（nation）一員，因此兩個片刻之間並無任何差異」。[11] 也就是說，一個人一誕生就取得「國家的公民權」。

　　新生兒還未被法律／司法牢籠套住的赤裸性，提供了場地以建立、不斷重建與維修國家權力的主權；而這之所以能辦到，乃是透過對所有其他剛好落入國家主權範疇而要求公民權的人施行包容／排拒的工作。我們可以假定，一旦出生被選定為唯一「自然」、毫無疑問、無需測試的民族進入方式，那麼

11　Agamben, *Means without Ends*, p. 21.

式命（bios）就必然會化約為純生（zoë）（或者，我們也可以說，活生生的行動身體〔Leib〕就必然會化約為能接受影響但無法行動的軀體〔Körper〕），而就亞干賓看來，這種化約正是現代主權的本質。

所有其他可能敲著主權國家大門要求獲准入境的人，往往會先經歷一場剝除外衣的儀式。正如透納延用范傑內普（Arnold Van Gennep）之過渡儀式（rite de passage）的三階段圖式所言，在申請進入一個社會場域的新來者獲准（如果他獲准的話）接近該場域的衣櫃（裡頭貯存著適合該場域且專為該場域保留的衣著）以前，他們需要被（不只象徵性、還有實際上）剝除所有任何先前身分的外衣。在一段時間裡，他們必須維持在「社會性裸身」（social nakedness）的狀態。在這段隔離期間，他們得待在一種「模稜兩可」的非空間地帶，裡面未提供、也不允許任何含有經社會界定與認可之意義的衣服。在一個被切割成一塊塊土地的世界裡，在一個被認為是由一塊塊在空間上分離的土地集合而成的世界裡，一座讓每塊土地彼此分離的「無名空間」煉獄豎立了起來，將新來者阻絕於他們新加入的團體之外。若要有包容，就必須先有徹底的排拒。

根據透納所言，強制新來者在一個完全沒有任何裝備可使之從純生或軀體層次提升至式命或身體層次的營地裡暫住（「將他們貶低成某種人類的原始素材〔primo materia〕，剝除

具體形式,化約至一種雖然仍具社會性、但卻沒有或不適用任何被接受之地位形式的境況」),所傳達的訊息,是從某一個到另一個社會認可的地位之間沒有直達的道路。在一個人從某地位進入另一個地位之前,他必須先接受洗禮,並融入「一個未結構化或只有基本結構化而相對未分殊化的社域」之中⋯⋯[12]

鄂蘭把後來透納探究的現象置放在驅趕、放逐、拒斥與排除的權力操作領域之中。她暗示,「博愛形式」下的人性,「是為社會所摒棄者的重要特權」──在十八世紀的公開辯論中,這些人稱為不幸者(les malheureux);在十九世紀則重新命名為悲慘者(les misérables);而今日,在上世紀中葉以後,則被擠入「難民」(refugee)的大概念底下──然而在創造與使用這些名字來稱呼他們的人所勾勒的心靈世界地圖裡,卻總是沒有屬於為社會所摒棄者自己的位置。被多重拒絕所搗擊、擠壓與粉碎,「被迫害者彼此已然靠得太近,以致於我們曾經稱之為世界的中間地帶(這在迫害以前當然存在於這些人之間,保持他們彼此間的距離),已經完全消失」。[13]

儘管有著這麼多實用上的意圖與目的,為社會所摒棄者／

12　Victor W. Turner, *The Ritual Process: Structure and Anti-Structure* (Routledge, 1969), pp. 170, 96.
13　Hannah Arendt, 'On humanity in dark times: thoughts about Lessing', in *Men in Dark Times,* p. 15.

驅逐者的範疇卻**超越世界**：由當權者創造並以「社會」為名讓大眾認識之範疇與精密區分的世界——人類應當居住的唯一世界，唯一能將其居民再造成公民、權利之享有與履行者的世界。為社會所摒棄者／驅逐者是一致的——他們全都缺乏說本國語言者所能留意、掌握、指認並領會的某類屬性。或至少他們看來是「一致」的——由於下列兩者的同盟，一是本國語言的缺乏，另一個則是權力從旁協助、藉由剝奪權利來進行的同質化過程。

假如誕生與身為民族成員是一體的,那麼所有其他進入或希望進入民族家庭的人,都必須依樣畫葫蘆或被迫仿效新生兒的裸身狀態。

　　國家——民族的衛警與獄卒、發言人與總審查員——會留意讓這個條件被滿足。

　　史密特(Carl Schmitt)可說是剖析現代國家的一位思路相當清晰、不為錯誤假象所蒙蔽的學者,他斷言:「決定一項價值的人,同時也總是決定了一項非價值(nonvalue)。這種決定非價值的意義,在於殲滅非價值。」[14]決定價值設定了常態、平常與秩序的界線。非價值是標誌這個界線的例外。

　　　例外是無法被涵蓋在內的事物;它抗拒一般的法典化,但同時也暴露出一項尤其屬於司法的形式元素:對於絕對純粹的決心⋯⋯沒有任何規則能適用於混沌。秩序必須被建立,司法上的秩序才有意義。正規的情形必須被創

14　Carl Schmitt, *Theorie des Partisanen. Zwischenbemerkung zum Begriff des Politischen* (Duncker and Humboldt, 1963), p. 80。請參閱亞干賓所做的討論,Giorgio Agamben, *Homo Sacer: Sovereign Power and Bare Life* (Stanford University Press, 1998), p. 137。

造出來,能明確決定這情形是否真正有效的人才是主權者……例外不只確認規則;至於規則本身則只依存於例外。[15]

亞干賓評論道:「規則適用於例外的時候,是它不再適用、從例外中撤退的時候。例外的狀態因此並非存在於秩序之前的混沌,而是來自它被擱置的狀況。在這層意義上,依照其字源來看,例外確實是被**拿到外面**(excapere),而不只是被排除在外。」[16]

我的評論是,為了正當化並執行自己的行動,這正是制定規則的主權者所必須防堵的狀況。建立秩序通常會以對抗混亂為名來進行。但是,若非早有定序的意圖,若非事先已有「正規情形」的存在,以便能認真開始推行之,就不會有混亂。混亂生而為一個非價值、一個例外。定序的忙亂喧囂是它的誕生地──而它並沒有其他**正當**的父母或家園。

---

15 Carl Schmitt, *Politischen Theologie. Vier Kapitel sur Lehre von der Souveränität* (Duncker and Humboldt, 1922), pp. 19-21。請參閱亞干賓所做的討論,Agamben, *Homo Sacer*, pp. 15 ff.。
16 Agamben, *Homo Sacer,* p. 18.

假若主權權力未先與領土結合，排除的權力就不會是主權的標記。

仔細檢視秩序的奇異、矛盾邏輯時展現敏銳洞察力的史密特，在這個重要點上，贊同秩序守護／倡導者、例外之主權權力行使者所建立出來的虛構。正如在執行主權的組織中一樣，在史密特的理論模型裡，他也同樣假定秩序工作賴以執行的領土邊界，構成了與定序意圖及努力息息相關之世界的外環界線。

在史密特的洞見中，正如立法者的共同信仰一般，完成定序工作所需求的全部資源，以及負責其運作和效果所必要的全部因素，都包含在那個世界裡頭。主權創造了價值與非價值、規則與例外之間的區別——但在進行這種運作以前，必須先有**主權領域內部與外部的區分**；若沒有這個區分，就既無法主張亦無從取得主權的特權。主權與**領土**密不可分，不管是現代民族國家所實行的主權，還是史密特所理論化的主權。沒有了「外部」，就無從想像主權；它不可能存在於**在地化**實體以外的形式中。史密特的洞見是「在地化」的，正如它意欲解開其迷團的主權。它並未踏出領土與權力天作之合的婚姻的實踐與認知視野。

由於「法治的國家」(state of law)逐漸但不可避免地（因為正當性建立與意識型態動員的持續壓力）發展成「民族的國家」(nation's state)，這場婚姻已演變成三人行：三位一體——領土、國家與民族。我們可認為這三位一體的到來是歷史上的一個偶然，只發生在地球某個相對微不足道的部分。然而由於那部分即使渺小，卻正好位居大都會，資源豐富到足以將地球的其他部分改造成邊緣，傲慢自大到足以刻意忽視或否定自己的獨特性；由於大都會有特權設立邊緣應該遵守的規則；由於大都會有權力強迫這些規則的遵循——民族、國家與領土的重疊／混合已成為一個具有全球性約束力的規範。

這三位一體中的任何一員，倘若未與其他兩者結盟得到支持，就會變成一種異常事物：變成一種在被察覺到無藥可救時，必定得接受徹底手術或遭受致命打擊的大怪物。沒有民族國家的領土，變成無主地；沒有國家的民族，變成只能選擇自願消失或被處死的畸形人；沒有民族或有一個以上民族的國家，變成過去年代的殘餘物，或是面臨現代化或消亡抉擇的突變體。在新的常態底下，隱約可見的原理，是領土權能將意義賦予任何爭取主權的權力，以及一切權力都有機會獲得或贏取主權。

對純淨的所有企圖都會沉澱出爛泥，對秩序的所有企圖都會創造出怪物。提倡領土／民族／國家三位一體的年代，所產

生的骯髒怪物就是沒有國家的民族、含有一個以上民族的國家，以及沒有民族國家的領土。正由於那些怪物的威脅與恐懼，主權權力才得以主張並取得否定權利的權利，得以替人類設定一大部分人類碰巧無法滿足的條件。

由於主權是定義人類界線的力量,那些掉出或被拋出界線外的生命,就是不值得活的。

有本題為《容許摧毀無生存價值之生命》(*Die Freigabe der Vernichtung lebensunwerten Leben*)的小冊子在 1920 年出版,作者是刑法專家班定(Karl Binding)與醫學教授侯赫(Alfred Hoche),此書介紹了「無生存價值之生命」的概念——還主張在已知的人類社會當中,這樣的生命到當時為止一直被不當而不公地保護著,由理當享有人類應得之一切關注與疼愛的成熟生命來買單。這兩位博學的作者認為沒有理由把消滅無生存價值之生命視為一種該受懲罰的罪行。

在班定/侯赫的想法裡,亞干賓嗅出古老牲徒範疇的復活與現代化的體現:能夠不用害怕懲罰而殺害、但不能在宗教祭祀中使用的人類;也就是說,完全被排除在外的人類——站在人定與神授律法兩者界線之外的人類。亞干賓也觀察到,無生存價值之生命的概念是——正如牲徒的概念向來皆是——非倫理的;然而在其現代版本中,它作為「主權權力建立之基礎」的範疇而取得了深刻的政治意義。

在現代的生命政治(biopolitics)裡,決定生命的價

值與非價值本身的人就是主權者。生命—由於權利宣言，生命本身已被賦予主權原則—本身現在成為主權決定的場域。[17]

情況似乎確實如此。但是，我們得注意，只有在領土／國家／民族三位一體被提升為人類共居的普遍原則，被強加、被拿來約束地球的每個角落縫隙，包括那些好幾世紀以來都無法滿足這種三位一體之基本條件（也就是說，人口同質性以及／或者導致「落地生根」的永久定居）的區域時，情況才會是如此。如鄂蘭所指出，正是因為三位一體原則的那種人為、武斷與強制實行的普遍性，所以「被拋出某個嚴密組織化社群的人，他會發現自己被一併**拋**出民族家庭以外」[18]（而隨著人類逐漸等同於「由民族構成的家庭」，他也會發現自己被一併拋出人類的領域），丟進牲徒的無名之地。

17　Ibid., p. 142.
18　Arendt, *The Origins of Totalitarianism*, p. 204.

廢棄物的密集生產，需要一種有效率的廢棄物處理業；而的確，這已成為現代紀元中最令人印象深刻的成功故事之一——這也說明了為何康德的警告／預示被塵封兩個世紀。

　　由領土／民族／國家三位一體原則與實踐所觸發並一再強化之包容／排拒的熱切喧囂所沉澱出來的人類碎石，儘管數量越來越多，且其痛苦越來越加劇，卻可被正當地貶低成一個本質上可治癒的暫時不適，而不是被看成即將來臨之大災難的前兆來加以處理。烏雲似乎沒那麼厚，凶兆可一笑置之為「世界末日的預言」——這一切大體上可歸功於在歷史上被記載成「帝國主義」與「殖民」的現代事業。這個事業在其他功能以外，還可充當越來越多的人類廢棄物的處理與回收工廠。在帝國主義侵略、征服及併吞的欲望下，可供殖民的驚人廣大浩瀚「處女地」，能被用來當作母國多餘者的傾倒場，而當進步的轉輪加快速度，取得進一步發展時，則可作為那些脫離或被拋棄者的樂土。

如此一來，這世界似乎就一點也不飽和了。「飽和」是表達擁擠感受的另一個——「客觀化」的——詞語。更正確地說，是過度擁擠。

　　不再有自由女神像允諾聚集受壓迫與遺棄的群眾。除了少數社會適應不良者與罪犯，任何人都不再有逃脫路線與藏匿處。但（這可說是世界最近所暴露之飽和狀況最顯著的結果）也不再有安全與舒適感，正如九一一事件戲劇性且超越理性懷疑地所證明的。

　　殖民使得康德的預示蒙塵。然而，它也使這些預示在灰塵終於被揮落以後，看來像是啟示錄般的預言，而不是康德原本意圖中的快樂烏托邦。之所以會如此，是因為「無主地」多到使人誤解，是以在這兩世紀當中，人類完全不需要、也因而完全沒有採取任何行動，來準備好去面對世界最終飽和的真相。

　　當最後幾個標記為「未知地域」（ubi leones）標籤的地方迅速從世界地圖上消失，當最後幾個遙遠的邊疆之地都被強勢到足以封鎖邊界、拒絕給予入境簽證的權力宣告為領土時——**這整個世界都變成地球的邊疆……**

所有年代的邊疆之地都同時是難民生產廠與難民回收廠。它們的嶄新全球性變種也是一樣——唯一不同的，當然是生產與回收問題的嶄新全球性規模。

讓我再重複一次：全球的問題沒有在地的解決之道——雖然現存的政治組織，截至目前為止我們集體所發明、唯一所擁有的政治組織，所熱切但徒然追尋的，正是在地的解決之道。

既然這些組織從一開始就和結合國家、民族與領土的熱切奮鬥（意圖上有如海克力士〔Hercules〕，實踐上則屬薛西佛斯〔Sisyphus〕）交纏不清，並始終如此，難怪它們都已變成在地的，並一直如此，而它們採取可行（或該說是**正當**）行動的主權權力也為在地所限制。

分散在全球各地的是「治外法權的要塞」，全球邊疆的那些未受處理且尚未回收之廢棄物的傾倒場。

　　在現代歷史的兩個世紀之間，無法成功變身為公民的人，那些流亡者、自願與非自願的移民、純粹的「難民」等，很自然被認為是地主國的事情，也被依此對待。
　　現代世界地圖中的民族國家裡，只有極少數和它們的主權特權一樣扎根於在地。儘管有時樂意，有時心不甘情不願，但幾乎所有這些國家都必須接受外國人在其占有領土中的臨現，必須接納從其他主權民族國家權力範圍中逃脫或被驅趕出來的一波波外來移民。然而一旦入境，無論已定居或新來的外國人，都進入地主國獨一而不可分的管轄範圍。在處理陌生人的臨現時，地主國可自由採取李維史陀在《憂鬱的熱帶》（Tristes tropiques）裡所描述的兩種策略的現代化升級版；在選擇訴諸這些策略時，它能指望地球上所有其他主權權力全心全意的支持，因為它們都小心翼翼維護領土／民族／國家三位一體的不可侵犯性。
　　要解決陌生人的問題，可選擇人肉吞食（anthropophagic），也可選擇人肉嘔吐（anthropoemic）。第一種解決方法可簡化成「吞噬陌生人」。要麼是照字面解釋的生吞活剝，就

像據說某些古老部落施行的食人行為一樣；要麼就是其昇華過的精神版本，就像幾乎為所有民族國家所採行的，憑藉權力進行的文化同化，目的是要將外來文化的承載物吸納到民族的身體中，同時丟棄他們的文化嫁妝裡難以消化的部分。第二種解決方法意指「吐出陌生人」，而不是吞食他們：將他們集中起來，從國家權力的範圍或是生人的世界裡驅逐出境（這正是傑出的義大利記者和輿論製造家法拉奇〔Oriana Fallaci〕的建議：我們歐洲人應該把那些崇拜其祂神衹且裝束習慣怪異的人驅逐出境）。

然而我們得注意，無論是這兩種解決方法中的哪一個，都只有在如下的雙重假定下才有意義：「內部」與「外部」之間有明確的領土分界線；有策略選擇權力的主權在其領域中是完整而不可分割的。在今日的液態現代全球化世界裡，這兩個假定都不太可信；因此，無論是這兩種正統策略中的哪一個，能夠採用的機會頂多都只能說是渺茫的。

隨著被測試過的行動方式不再可行，我們似乎沒剩下任何好策略可處理新近移民。我們正處於沒有任何文化模型能夠權威而有效地主張自己優於敵對模型的時刻；我們正處於族國建立與愛國動員不再是社會整合主要工具的時刻；我們正處於國家的自我主張與文化同化不再可能的時刻。由於流放與驅逐出境會戲劇性且相當令人不安地出現在電視上，還可能引發公眾

的強烈抗議，玷污犯行者的國際聲譽，因此可以的話，大部分政府都寧可避開麻煩，對所有尋求庇護者緊閉門扉。

目前大大縮減政治庇護權利的趨勢，伴隨著對「經濟移民」入境的頑固拒絕（除了在企業威脅著要外流到有勞動力之處，除非勞動力被帶至企業所欲之處的少數而短暫的時刻），並非對待難民現象的新策略——而乃**策略的闕如**，以及避免策略闕如造成政治窘境的渴望。在這樣的情況下，九一一的恐怖攻擊大大幫助了政客。除了常被指控搾乾國家福利與竊取工作機會以外，[19]或是將結核病之類早被遺忘的疾病或像愛滋病毒一樣最新出現的疾病攜入國內，[20]難民現在可以被指控代表全球性的恐怖組織，扮演「第五縱隊」的角色。終於，我們有了一種「理性」且道德上無懈可擊的理由，可以去圍捕、監禁並流放那些我們不再知道如何對待、而我們也不想為之費神去找出對待方法的人們。在美國以及馬上跟進的英國，在「反恐運動」的旗幟底下，外國人很快就被剝奪那些從「大憲章」（Magna Carta）與「人身保護令」（Habeas Corpus）一直到不

19　由於選民的廣大迴響，熱烈提出這項指控的當代政客所涵蓋的政治光譜越來越廣，從極右的勒龐、齊亞斯果或佛拉芒區塊黨（Vlaam Bloc），到越來越多自稱為「中間偏左」的人士。

20　例如2002年8月5日的《每日郵報》（Daily Mail）社論裡，關於「來此工作之勞工已感染愛滋病毒的人數」的部分。

久前為止,曾挺過各種歷史變遷的基本人權。外國人現在能被無限期拘留,而遭控的罪名是他們無法替自己辯護的,因為他們不被告知其內容。正如湯瑪斯(Martin Thomas)諷刺地評述,[21]從現在起,在文明律法基本原則的戲劇性大逆轉中,「刑事控告的證據是多餘的障礙」──至少是在涉及外國難民時。

大門可能是緊閉的;但問題卻不會消失,無論門鎖得多麼緊。門鎖並未制服或削弱導致流亡並使人類變成難民的力量。門鎖或許有助於使問題離開視線範圍,離開我們的注意力,卻無法迫使問題消失。

21　*Guardian*, 26 Nov. 2001.

因此,難民越來越發現自己身處交叉火力之中;更正確地說,身處雙重束縛之中。

他們被強制驅逐,或是在恐嚇之下逃離自己的祖國,但又被拒絕進入任何其他國家。他們並沒有**改變**所在;他們**失去**了在地球上的所在,被投入無名地,被投入奧苣(Marc Augé)的「非地方」(non-lieux)或加諾(Joel Garreau)的「無名鎮」(nowherevilles),被投入傅柯(Michel Foucault)的「愚人船」(Narrenschiffen),被投入一個漂移中的「無地之地,一個獨立存在、自我封閉,同時被託付給大海之無窮盡的地方」[22]——或者(正如亞吉埃〔Michel Agier〕在即將刊載於《民族誌》〔*Ethnography*〕上的文章所說的)投入荒地之中,而就其定義而言,荒地即是**荒無**人跡的土地,一塊憎恨人類且人類難得踏足的土地。

諷刺地神似全球化世界新權力菁英,難民已成為治外法權的象徵;而現代人類境況的不穩定性,那現今人類最主要的恐懼與焦慮,就是在那裡扎根的。這些恐懼與焦慮,在尋找其他發洩管道失敗後,早已殘留在公眾對難民的憤慨與恐懼之上。

---

22 參閱 Michel Foucault, 'Of other spaces', *Diacritics I* (1986), p. 26。

它們無法在與其他治外法權化身的直接對抗中被去除危險性或驅散。全球菁英遊蕩在人類控制的範圍外，力量太過強大而無法對抗；相較之下，難民則是過剩的苦惱容易擊中的槍靶⋯⋯

根據聯合國難民署（UN High Commissioner for Refugees）的資料，總數達一千三百萬到一千八百萬之間的「被迫流亡的難民」，正在祖國的邊界外掙扎著求生（這還不包括蒲隆地與斯里蘭卡、哥倫比亞與安哥拉、蘇丹與阿富汗裡，因永無止盡的部落戰爭而被迫流浪的數以百萬計「國內」難民）。其中有超過六百萬名難民在亞洲，七百萬到八百萬名在非洲，中東則有三百萬的巴勒斯坦難民。這當然是保守的估計。並非所有難民都已被如此確認（或是要求被確認）；只有這麼多的難民有幸被登記在聯合國難民署的名冊中，得到它的關照。

不管難民到哪裡去，他們都是不受歡迎的，而他們也確知自己不受歡迎。明顯因經濟目的前來的「經濟移民」（也就是說，奉行「理性選擇」的箴言，因此試圖在可能找到生計的地方謀生，而不是留在沒有生計地方的人）被政府公開譴責，而相同的這些政府，卻也努力試圖使「勞動力彈性化」成為自身選民的主要美德，規勸本國失業者「上路」，前往勞動力買主所在之地。但是，對於經濟動機的懷疑，也擴散到那些因不公平待遇及迫害而尋求庇護，在不久前還被視為是在行使自己人權的新移民身上。「尋求政治庇護者」這個名詞逐漸蒙上一種

貶抑的味道。「歐盟」政治家大部分的時間與腦力，都用在設計越來越複雜的方法來堵塞與防禦邊界，以及設計出最便利的程序來擺脫仍然成功橫越邊界尋求麵包與避難所的人。

不落人後的英國內政大臣布隆克特（David Blunkett），提議藉由削減金援來向難民原產國施壓，恫嚇其收回「不合格的尋求政治庇護者」。[23]這並非唯一的新想法。布隆克特還希望「加速改變的步調」，抱怨「進展一直還是太過緩慢」，因為其他歐洲領袖缺乏氣魄。他想要建立一個全歐洲的「快速聯合行動組」，以及「一個集合全國專家的特別任務組」，來「草擬共有風險的評估、辨識歐盟對外邊界的弱點……處理海路非法移民的問題、對付人口的走私（human trafficking，這是設計用來取代『偷渡』〔passage〕這個曾經高尚之概念的新詞）」。

在政府與其他公眾人物（除了正面對抗困擾著選民之存在不確定感的真正來源，這些公眾人物發現唯一可行的替代方式，就是協助及煽動大眾的偏見）的積極合作之下，「尋求政治庇護者」（比如那些在歐洲數不清的難民收容中心聚集，準備入侵不列顛群島的人；或是那些除非遭到阻擋，否則即將安頓在專門為他們量身訂作、距選民家園只有幾里之遙的居留營的人）取代了目光凶惡的巫婆、冥頑不靈之惡人的鬼魂，以及

23　參閱 Alan Travis, 'UK plan for asylum crackdown', *Guardian*, 13 June 2002。

都市傳奇中的其他邪惡幽靈與妖怪。全新而迅速膨脹的都市傳說，選派地球上的受害者作為主要的反派演員，把過去由於城市生活之不確定性（就像現在一樣），因而在觀眾熱切要求下產生之令人毛骨悚然的恐怖故事傳說，加以蒐羅與回收。

對於那些縱使最巧妙的策略也無法迅速驅逐出境的移民者，政府提議將之幽禁在國家裡盡可能偏僻及孤立之處——這種作法把認定移民者不想或無法被融入國家經濟生活的信念，轉化成自我實現的預言——因此，正如永吉（Gary Younge）所言，「有效地在英國鄉間四圍建立起班圖斯坦（Bantustan）[譯3]，把難民關入圍欄裡，使其孤立而不堪一擊」。[24]（尋求政治庇護者，就像永吉指出的，「比較可能成為罪行的受害者，而不是加害者」。）

在非洲與亞洲，名列聯合國難民署名冊上的難民各有83.2%與95.9%被安排在居留營裡。至於歐洲，則只有14.3%的難民被關在居留營裡。但從現狀看來，歐洲所擁有的這項優勢不大可能維持太久。

譯3　又稱黑人家園制度，為南非政府為推行種族隔離政策，對南非班圖人實行政治上徹底分離的制度。

24　Gary Younge, 'Villagers and the damned', *Guardian*, 24 June 2002.

難民或尋求政治庇護者的居留營，透過其出口的封鎖而變成永久的暫時性設施。

難民營或尋求政治庇護者居留營的營民，無法回去「他們原來的地方」，因為他們離開的國家不希望他們回去，因為他們的生計已遭破壞，因為他們的家園已被搗毀、夷平或侵占。但是他們也沒有往前走的路：沒有政府會樂意看到數以百萬計的無家可歸者湧入，任何政府都會竭盡所能地防止新移民定居。

至於他們新的「永久暫時」住所，難民「身在其中，卻不屬於它」。他們並不真正屬於那個他們在其領土上組裝活動房屋或搭設帳蓬的國家。一層看不見、但仍然厚實而無法穿透的猜忌與怨恨簾幕，把他們與地主國的其他部分隔離開來。他們懸浮在一個空間虛無中，在那裡時間已然靜止。他們既沒有安頓下來，也不是在移動中；他們既沒有棲身下來，也不是在流浪中。

若以描述人類身分的慣用語來說，他們是**難以形容**的。他們是德希達所謂「未定者」的體現。在像我們一樣被他人讚許並自傲於反省與自我反省藝術的人當中，他們不僅是不可**碰觸**者，還是難以**置信**者。在一個充滿了想像的共同體的世界裡，

他們是**無法想像者**。而其他那些聚集成真實或渴望變成真實的共同體，正是藉由拒絕難民被想像的權利，來提高自己想像的可信度。

難民居留營的激增,跟密密麻麻、星羅棋布的中途無名鎮一樣(新的漫遊世界菁英就是經由這些無名鎮來進行環遊世界之旅),都是全球化過程必然的產物／表現。

　　漫遊世界者與難民之間共有的屬性,是他們的**治外法權**:他們的不真正屬於這個地方,身處「其中」卻不「屬於」他們肉體占用的空間(漫遊世界者處於一連串顯然是短暫瞬間的片刻,難民則處於無盡延展的一連串片刻)。

　　就我們所知,被幽禁之難民居留營的無名鎮,有點像是來去自如的超國家貿易者的中途旅棧一般,可能是行進中之治外法權的橋頭堡,(長遠一點來看)也可能是實驗室,在其中,地方的去語義化、意義的脆弱與可丟棄性、身分認同的不確定與可塑性,以及最重要的,**暫時**的**新永久性**(上述這些都是構成現代性「液態」階段的趨勢),都在極端的情況下被實驗:它們被測試的方式,類似在現代歷史的「固態」階段中,人類柔軟性與順從度的極限以及達到如此極限的方法,在集中營裡被測試的方式。

　　就像所有其他無名鎮一樣,難民居留營的特色,是一種預期中、事先安排好與內建的短暫無常。所有這類的設施,都被構想設計成時間與空間上的破洞,是身分建立與領域歸屬之連

續時間的暫時中止。但是這兩種類型的無名鎮,展現給它們各自的使用者／收容者的面容卻大不相同。這兩種治外法權可以說沉澱在全球化過程的相反兩端。

第一個把暫時呈現為可任意選擇的設施;第二個則使它成為永久——一個不可改變、無法逃開的命運。這個差別有點像是兩種安全的永久性設施之間的差別:可供辨識有錢人之設有門禁的社區,以及被差別對待之窮人所待的貧民區。而造成差別的原因也同樣類似:前者的入口被嚴密防守監視,但另一頭的出口則門戶大開;後者的入口大致上可任意進入,但另一端的出口卻緊緊封鎖。特別是出口的封鎖,使得暫時的狀態變成永恆,卻又沒有用永久來取代暫時。在難民居留營裡,時間無法造成質變。它仍然還是時間,卻已不再是歷史。

難民居留營吹噓一種新特性:一種「凍結的短暫」,一種不間斷、持久的暫時性狀態,一段由片刻拼湊而來的持久時間,而那些片段的經歷都不是永恆的元素,更不促成永恆。對於難民居留營中的收容者來說,長程演變及其結局的展望並非經驗的一部分。難民居留營的收容者確確實實是「日復一日」在過活——而每日生活的內容,並不會受到日子將連成月與年的認知所影響。如同在華康(Loïc Wacquant)所檢視與生動描繪的牢獄和「超貧民窟」(hyperghetto)裡一樣,[25] 營內難民

---

25 參閱 Loïc Wacquant, 'Symbole fatale. Quand ghetto et prison se ressemblent et s'assemblent', *Actes de la Recherche en Sciences Sociales* (Sept. 2001), p. 43。

「學習生活,或者該說是日復一日地在片刻的當下性中求生存((sur)vivre),深陷於⋯⋯牆內醞釀的沮喪之中」。

將難民困在居留營中的繩索由推力與拉力編織而成。

　　控制搭蓬或架屋場域以及居留營周圍土地的權力，盡其所能地防止營民外流，湧入鄰近的地區。即使出口沒有武裝守衛，居留營的外部在本質上對居留營內部的人也是禁區。它充其量只是冷漠的，充滿了小心謹慎、冷漠而疑心重重的人們，急切渴望注意、記錄、指控營民犯下任何真正或假想的錯誤，以及難民可能錯踏的每一步——那些難民在受苦以及不適應陌生環境的情況下，非常可能會踏出的步伐。

　　在他們搭建暫時／永久帳蓬的土地上，難民依舊是礙眼的「局外者」，威脅到「建制者」（established）從截至目前為止毫無爭議的日常例行公事中所獲取的安全感。他們挑戰截至目前為止普遍共享的世界觀，而由於他們無法被安放在眾人所熟悉的位置，無法以解決問題的習慣方式來加以處理，因此他們也成了眾人從未面臨過的危險的源頭。[26]

　　本地人與難民之間的遭逢，可說是艾里亞斯（Norbert Elias）與史考特森（John Scotson）率先描述的「建制者與局外

26　參閱 Norbert Elias and John L. Scotson, *The Established and the Outsiders: A Sociological Inquiry into Community Problems* (Frank Cass, 1965)，特別是頁 81 與 95。

者的辯證」（established and outsiders dialectics，在我們這個時代，這種辯證似乎已取代主奴的辯證，成為人際範式的設定者）中最驚人的典型。[27] 運用權力來定義境況，並且把自己的定義強加在所有相關人士上的「建制者」，往往把新來者封閉在刻板印象的鐵籠裡，「一種高度簡化之社會實在的再現」。刻板印象創造了「一種黑白分明的圖案」，「不留任何多樣性的空間」。局外者在被證實無辜以前是有罪的，而既然建制者兼具檢察官、預審治安官與法官角色，也因此同時控訴、審判並做出真理宣判，那麼，無罪開釋的機會不是零，就是很渺茫。正如艾里亞斯與史考特森所發現，建制者越感到受威脅，他們的看法就越可能趨向「錯誤觀念與刻板教條的極端」。而在面對湧入的難民潮時，建制者很有理由覺得受到威脅。除了代表任何陌生人都會體現的「巨大未知」，難民還帶來遙遠戰火的噪音，以及被搗毀房屋與燒焦村落的惡臭，而這些都免不了會提醒建制者，保衛他們安全與熟悉（「安全」是**因為**「熟悉」）之日常生活的防護膜，很輕易就可能被戳破或碾碎。正如布萊希特（Bertold Brecht）在《流亡者領土》（*Die Landschaft des Exils*）裡指出的，難民是「壞消息的信差」。

日復一日，習慣了停滯不前而凍結但卻可令人安心預料的

27　Ibid.

規律居留營生活以後,從居留營冒險進入附近城鎮的難民,將自己暴露在一種他們覺得很難承受的不確定性裡。單單在居留營邊緣的幾步之外,他們就發現自己身處不友善的環境。他們進入「外部」的權利,充其量只是一個假設,可被任何路人挑戰。與這種外部的荒漠相較起來,居留營內部很可能還稱得上是安全的避風港。只有魯莽與大膽的人才會渴望長期離開它,更少會有人膽敢實現他們的願望。

如果使用從華康的分析中衍生出來的術語,[28]那我們可以說,難民居留營綜合、混雜並匯聚了福特－凱因斯（Ford-Keynes）年代之「社區貧民窟」（community ghetto）與我們後福特及後凱因斯時代之「超貧民窟」的特性。假如說「社區貧民窟」相較之下是自立與自我再生產的準社會整體,包含了在較大社會中被設計來滿足所有社區生活需求之階層性、功能性區分與組織的縮小複製品──「超貧民窟」則完全不是自立的社區。它們是去頭去尾、人造且刺眼地不完整的人類群體,是集合體但不是社區,是無法自己生存之地形上的凝結物。一旦菁英成功衝出貧民窟,並且停止餵養那（無論多麼不穩定地）

28　參閱 Loïc Wacquant, 'The new urban color line: the state and fate of the ghetto in postfordist America', in Craig J. Calhoun (ed.), *Social Theory and the Politics of Identity* (Blackwell, 1994);另參閱 'Elias in the dark ghetto', *Amsterdams Sociologisch Tidjschrift* (Dec. 1997)。

支持著貧民窟人口生計的經濟事業網路，由政府駕馭的關護與控制組織就會進入（關護與控制這兩種功能通常都是緊密糾結的）。掛起「超貧民窟」的線，源自於其邊界之外，且幾乎絕對超越其控制。

亞吉埃在難民居留營中發現，「社區貧民窟」的特性與「超貧民窟」的屬性，糾結成一種彼此依賴的牢固網路。[29]我們可以推測，這樣的組合使得收容者與居留營之間的紐帶更加緊密。使「社區貧民窟」的居民結合在一起的拉力，以及把被驅逐者凝聚成「超貧民窟」的推力，這兩個本身都很強大的力量被交疊起來、彼此互相強化。結合了外在環境沸騰與惡化的敵意，它們共同產生了一種勢不可擋的向心力，難以抵抗，使得奧許維茲（Auschwitz）或古拉格（Gulag）的管理人與監督者所發展出來之圈入與隔離的手段幾乎變成多餘。難民居留營比任何其他人為的社會微世界，都還要更接近高夫曼（Erving Goffman）「全控機構」（total institution）的理想型：它們有意或無意地提供一種無法逃脫的「全控生活」，有效封鎖通往任何其他生活形式的門路。

29　參閱 Michel Agier, 'Entre guerre et ville', *Ethnography 3* (2002), pp. 317-42。

遺棄或是被迫離開他們之前熟悉的環境後,難民往往被剝除了那個環境所定義、維繫與再生產的身分。

從社會意義上來看,他們是「僵屍」:他們的舊身分頂多只能像鬼魂一樣存留下來——因為在居留營的白晝裡幾乎完全看不見,所以就更加惱人地在夜晚出沒。即便是他們舊身分當中最自在、最有名望、最被覬覦的,也變成了不利條件:它們妨礙難民追求更適合新環境的新身分,阻止他們勉力應付新的實在,延緩他們認知新境況的永久性。

儘管由於各種實踐上的意圖與目的,難民已被送入范傑內普與透納的三階段過渡儀式裡居中的「模稜兩可」階段[30]——但難民卻不清楚這個階段的內容究竟是什麼,它會持續多久,而且最重要的是,他們沒有察覺到已不可能再回歸早先的狀態,同時對於前方可能出現之新環境的本質亦渾然不知。讓我們回想,在「過渡儀式」的三階段圖式中,剝除外衣,亦即從先前角色的承載者身上拿走曾經享有、但現已被除去之地位的社會屬性與文化標記(正如亞干賓會說的,這是「裸身」之社

30　第一個階段是拆解舊身分,而最後的第三個階段則是組合新身分:參閱 Arnold van Gennep, *The Rites of Passage* (Routledge and Kegan Paul, 1960); Turner, *The Ritual Process*。

會的、由權力協助的生產[31]），只是「社會性裸身」者重新披上新社會角色所有配備的一個必要的初步階段。社會性的（通常也是身體的）裸身，只是一個隔開生命歌劇中兩個相當不同之樂章的短暫間奏曲——標誌了先後所承擔的兩套社會權利與義務之間的差別。但是難民的情況卻非如此。雖然他們的境況具有過渡儀式的中間短暫階段（缺乏社會定義以及成文化的權利與責任）所特有之社會性裸身的所有特徵（以及結果），但它並不是會通往某個特定、社會上定義為「穩定狀態」的中間或短暫「階段」。在難民的處境中，被設計成「中間化身」的境況無限延伸（巴勒斯坦難民居留營的戲劇性命運，使得這項事實猛然成為大眾注意力的焦點）。無論最後可能會出現什麼樣的「穩定狀態」，都只可能是被暫緩或中止之發展的一種意外且非計畫中的副作用——流動的、明顯暫時而具實驗性之社化（sociation）企圖在不知不覺中凍結成僵化、不再可協商的結構，而比起任何數量的武裝守衛與鐵蒺藜，這些結構可以更牢固地約束收容者。

　　暫時狀態的長久不變；瞬間片刻的持久性；客觀的決定未被反映在行動的主觀結果之上；永遠定義不足的社會角色，或更正確地說，被置入生命的洪流，卻沒有社會角色的錨；液態

31　Agamben, *Homo Sacer*.

現代生活所有這些以及相關的特性,都已在亞吉埃的研究中受到揭露與記錄。在難民居留營固著於領土上的治外法權裡,它們以一種比在當代社會的任何其他部分都要更極端、更純粹而因此更清楚可見的形式出現。

這不禁讓人納悶,難民居留營究竟在怎樣的程度上是實驗室,是新液態現代「永久短暫」的生命模式被測試與排演的地方(或許是不經意地,但卻並不因此減損其力量)。

難民的無名鎮究竟在怎樣的程度上是未來世界的先進樣本,而它們的收容者究竟又在怎樣的程度上是被選派/催逼/強迫去扮演其先鋒探勘者的角色?這類的問題(如果可能的話)只能在回顧中找到答案。

比方說,我們現在得知——藉由後見之明——離開十九世紀猶太區的猶太人,率先完整品嘗並丈量同化計畫的不當以及主張自我之流行箴言的內在矛盾,而這些日後則由新興現代性的所有居民所經歷。而我們現在開始知道,同樣也是藉由後見之明,後殖民的多族裔知識份子(像是奈波爾〔V. S. Naipaul〕《模擬者》〔Mimic Men〕中的雷夫·辛格〔Ralph Singh〕,他無法忘懷自己曾送給他最敬愛的老師一顆蘋果,就像任何有教養的英國小孩應該做的一樣,雖然他明知道學校所在的那個加勒比海島嶼上根本是沒有蘋果的),率先品嘗並丈量認同建立箴言的致命缺點、不一致以及缺乏凝聚力,而這些隨即則由液態

現代世界的其他居民所經歷。

或許已經到了發現當今難民先鋒角色的時刻——他們率先探索無名鎮生活的滋味以及暫時的頑固永久性,而這些將來可能都是全球化、飽和地球之居民的共同住所所會具有的特色。

只有占據大半當代政治論述，但卻無法在任何其他地方找到的那種社群——符合康德之人類種族大融合憧憬的全球社群，一種包容卻不排外的社群——才能將當代難民從他們被拋入的社會政治虛空中解救出來。

所有的社群都是想像出來的。「全球社群」也不例外。但是一旦獲得由社會所生產並由政治所維繫的集體自我認同與自治之制度的幫助，想像往往會變成一種實際、有力、有效的整合力量；這在之前就曾發生過——在現代民族與現代主權國家不論境遇好壞、至死方離的婚姻中。

就想像的**全球**社群而言，一種類似的制度網路（這次的網路只能由民主控制的**全球**組織、具有**全球**約束力的司法制度以及放諸**全球**皆準的倫理原則交織而成）大體上是不存在的。而我認為這是造成大規模生產非人類（已被委婉地稱為「難民問題」）的主要原因，或許還是首要原因。它也是解決該問題的主要障礙。

在康德匆匆記下他的思索，即自然已決定（全）人類社群作為人類命運的時候，受到思想者啟發並被其密切觀察的行動者，所被期許、激勵去追求並加速其實現的，乃是個體自由的普世性，它既是公開宣告的目的，也是指引方向的願景。人類

社群與個體自由被認為是同一任務的兩面（或者，更中肯扼要地說，是連體嬰），因為自由（引用芬基爾克勞德〔Alain Finkielkraut〕研究二十世紀遺產，以貼切的書名《失去的人性》〔*The Lost Humanity*〕出版的研究[32]）被認為等同於「個體不能被化約成階級、地位、社群、民族、出生與家世」。所以，我們有充分的理由認為全球社群的命運與個體自由的命運密不可分。每當思索這個問題的時候，就該假定人類統一與所有個別成員的自由只能一起茁壯成長，或是一起枯萎死亡，但是絕不會單獨產生，或是在分離的狀態下存留。當論及人定之法律與權利的表述與配置時，如果作為人類的身分沒有凌駕於所有其他較特定的角色分配與歸屬之上——那麼人類自由作為一項不可剝奪之人權的理想，就會被連累或是完全喪失。沒有第三種可能。

由於人類從世襲階級與家世血統的禁錮解放後，隨即被囚禁在新的領土／民族／國家的三位一體監牢中，這個原則很快就失去了它起初的不證自明而幾乎被遺忘，而「人權」——在政治實踐上，如果不是在哲學理論上的話——被重新定義為一種個人結合國家公民、民族成員以及領土合法居民的產物。「人類社群」在今天看來和現代初始時期一樣無關乎目前地球

---

32 Alain Finkielkraut, *L'Humanité perdu* (Seuil, 1996), p. 43.

的實在。在目前的未來願景中，人類社群就算有被列入考量，也往往被指派到甚至比兩個世紀以前還要更遙遠的地方。它不再被看作是迫在眉睫或無所遁逃的。

到目前為止,前景是晦暗的。

在赫爾德(David Held)最近對目前趨勢的審慎評估中,他發現,證實「人人不可縮減的道德地位」,以及駁斥「道德排他主義者的看法,即對特定社群的歸屬,限制且決定了個體的道德價值及其自由的本質」,這兩者是仍然懸而未決且被廣泛視為「令人如坐針氈」的任務。[33]

赫爾德注意到一些激起希望的發展(特別是 1948 年的聯合國「世界人權宣言」〔Universal Declaration of Human Rights〕,以及 1998 年的「國際刑事法院規約」〔Statute of the International Criminal Court〕——雖然後者仍然在無望地等著被批准,而且被某些主要的全球玩家積極破壞中),但他同時也觀察到「乾脆關起自家門窗,單單捍衛某些民族與國家地位的強烈誘惑」。後九一一的前景也並不特別鼓舞人心。它們帶來「加強多邊組織與國際司法協定」的機會,但是其回應也有可能「把我們帶離這些脆弱收穫,進入一個更加對立與分化的世界——一個格外野蠻的世界」。赫爾德的整體概要一點也不

33　David Held, 'Violence, law and justice in a global age', *Constellations* (Mar. 2002), pp. 74-88.

樂觀:「在我書寫的時刻,充滿了不祥的徵兆。」然而我們的安慰(唯一現存的安慰,但也——讓我補充說明——是人類在陷入黑暗年代時唯一需要的),是「歷史仍與我們同在,而且還可以被創造」的事實。

是的,的確如此——歷史還未寫完,而我們仍然可以、也必然將會做出選擇。然而,我們會懷疑,過去兩世紀所做出的選擇,是否已將我們拉近康德所設想的目標;或者,相反地,在三位一體原則經過兩世紀不間斷地推銷、確立且主導潮流以後,我們是否已經發現自己離那目標比現代時期起始時還更加遙遠。

> 這世界不單只因為由人類組成而有人性,它也不單只因為其中有人類的聲音而變得有人性,世界之所以有人性,只有在它已成為論述對象的時候⋯⋯只有在談論它的時候,我們才能把世界上與自己身上所發生的事情人性化,而在探討它的過程中,我們學習成為人類。
>
> 希臘人把這種在友誼的交談中達到的人性稱為仁(philanthropia),「對人類的愛」,因為它在願意與他人分享世界中展現自身。

鄂蘭所說的這些話可以——應該——讀作一篇制止相反趨

勢而把歷史帶向「人類社群」理想之所有未來努力的序言。追隨她的智識英雄萊辛（Gotthold Ephraim Lessing），鄂蘭堅稱「對他人開放心胸」是任何意義之「『人性』的先決條件……真正有人性的對話與單純的說話或甚至討論的不同點，在於它是完全充滿著對另一人以及他所說的話的喜悅」。[34]就鄂蘭來看，萊辛的偉大功績，是「他為了人們在討論這世間的事情時所產生的無限量意見而高興」。萊辛

> 為了曾經──或至少在巴曼尼德斯（Parmenides）與柏拉圖之後──苦惱過眾多哲學家的事情而欣喜：也就是真理一經說出，便立刻成為眾多意見之一，被爭論、被重新表述、被降級成眾多的論述主題之一。萊辛的偉大，並不只在於提出人類世界中不可能只有一個單一真理的理論洞見，而是在於他樂見單一真理的不存在，因此只要還有人存在，人類之間無止境的論述就將永不停止。一個單一的絕對真理……會結束所有那些爭論……而這也會是人類的末日。[35]

---

34 Arendt, 'On humanity in dark times', pp. 24-5, 15.
35 Ibid., pp. 26-7.

其他人與我們意見分歧的事實（不珍視我們所珍視的，卻珍視我們所不珍視的；相信人類的共處可能會得益於奠基在其他規則之上，而不是那些我們認為較好的規則；最重要的是，質疑我們聲稱自己有通往絕對真理之熱線的門道，也因此質疑我們自稱在討論開始以前就確知它會有什麼結果），**並非**通往人類社群的路障。但堅信我們自己的意見**就是**全部的真理，且句句屬實，而且最重要的，它更是僅存的唯一真理，同時還相信其他人的真理若與我們的不同，就「只是意見而已」──這樣的信念與看法**就是**路障。

從歷史上看來，這樣的信念與看法經由其持有者的物質優勢以及／或者反抗能力取得可信度──而這些持有者則從三位一體統治的確立中取得力量。的確，深植於領土、民族與國家之（非）神聖結合的「主權情結」，有效防止了萊辛與鄂蘭視為「人性先決條件」的論述。在彼此溝通的賽局開始之前，它先允許伙伴／敵手在骰子上動手腳、做牌，然後在險些被察覺作弊之前結束爭辯。

三位一體的統治具有自我延續的動力。當它取得對人類生活與心智的影響時，便確認了自己的真實性。由這種統治勢力支配的世界，是一個「整個民族都感到挫敗」的世界，他們受到自身挫敗的刺激，漸漸確信「真正的自由、真正的解放」，

只能「藉由完全的民族解放」達成[36]——也就是說，透過民族與領土和主權國家之間的神奇結合。三位一體的統治是造成挫敗的原因，而自薦為解藥的，也還是同樣的三位一體統治。領土／民族／國家同盟的流亡者所承受的痛苦，得先經過三位一體工廠的再加工，而且還不忘附上妝點成實證知識的說明書與治療妙方。在再加工的過程中，三位一體的同盟奇蹟似地從詛咒變形為祝福，從痛苦的根源搖身成為麻醉劑。

36　Arendt, *The Origins of Totalitarianism*, p. 272.

鄂蘭以萊辛的一段話作為她〈黑暗時代的人性〉(On humanity in dark times)一文的結論:「讓每個人說出他所認為的真理,／把真理本身託付給上帝。」[37]

萊辛／鄂蘭所傳遞的訊息非常簡單直接。把事實託付給上帝,意指讓真理的問題(「誰對誰錯」的問題)存而不論。真理或許只會在對話的遙遠盡頭浮現——而且只浮現在真實的對話(也就是並非偽裝成對話的獨白)中;對話者都不確定自己知道,或無從得知,那個盡頭可能是什麼(如果有盡頭的話)。一個說話者,一個同時以「說話模式」(speaking mode)思考的思考者,正如羅森茨韋格所指出的,無法「預期任何事情;他必須要能夠等待,因為他依賴另一人的話;他需要時間」。[38]而正如研究羅森茨韋格的敏銳學者葛拉薩(Nathan Glatzer)所指出的——羅森茨韋格處於「說話模式」中的思考者模型,與詹姆斯(William James)進程式／對話式的真理概念(processual/dialogical concept of truth),有著「異曲同工之妙」:「真理**發生**在想法上。它**變成**真理,事件**使**它成真。事實

37　Arendt, 'On humanity in dark times', p. 31.
38　Franz Rosenzweig, *Understanding the Sick and the Healthy: A View of World, Man and God* (Harvard University Press, 1999), p. 14.

上，它的真實性是一個事件、一個過程：也就是證實它自己的過程，它的證實（化）。它的確證性是它的確證（化）。」[39]的確，兩者的相似點很顯著——不過對羅森茨韋格而言，真誠而懷著希望致力於對話的言語，不確定對話結果而因此不確定自己真實性的言語，即是「使」真理成真之「事件」的主要物質，也是「製造」真理的主要工具。

真理是一種具有明顯鬥爭性的概念。它的誕生，來自拒絕和解的信念之間的衝突，以及它們那些不願妥協的承載者之間的衝突。若沒有這樣的衝突，「真理」的想法可能根本就不會出現。同時，「知道如何繼續下去」，會是人所需要知道的一切——而人在「繼續下去」時所需的場景，除非被挑戰而因此變成「不熟悉」、被震出它的「不證自明」之外，否則往往會與一種明白指示如何「繼續下去」的慣例相隨。爭論**真理**是對「認知不協和」的回應。它的引發來自於一股衝動，想要去貶低與削弱對於該場景的另一種解讀方式，以及／或者另一種使人對自己的解讀方式與行為常規產生質疑的行為慣例。對異議的扼殺／對障礙物的排除越是喧鬧而困難，這種衝動就會越強烈。爭論真理的重點，以及真理自我主張的主要目的，是證實

39　引自 Glatzer in ibid., p. 33，詹姆斯引言出自 William James, *Pragmatism* (London, 1907), p. 201。賽門（Ernst Simon）於 1953 年率先指出羅森茨韋格與詹姆斯想法間的密切關連。

夥伴／對手是錯的，所以他的異議是無效、可被漠視的。

只要爭論的是真理，哈伯瑪斯提出之「不受扭曲的溝通」就很難出現。[40] 爭論的主角很難抗拒誘惑，不去訴諸其他比自己論點的精緻邏輯和說服力還更加有效的方法。他們會寧可盡其所能地使得對手的論點聽來無足輕重，最好不被聽見，更棒的則是剝奪對手的爭論資格，讓他們壓根無法說出自己原本可以說出的話。一個最可能被提出的論點，就是對手沒有資格作為對談者——由於對手無能、虛偽，再不然就是不可靠、心懷不軌，或是全然低下而搆不上標準。

如果可行的話，人們寧可拒絕對話或是退出辯論，而不是辯論真理。畢竟，進入辯論是間接確認對話者的資格，承諾遵守（反事實的〔counterfactual〕）純正、真誠言說的規則與標準。最重要的是，進入辯論意味著如萊辛所指出的，把真理託付給上帝；用比較世俗的詞語來說，它意味著把辯論的結果託付給命運。如果可能的話，聲明對手在先驗上便已錯誤，然後

40　哈伯瑪斯正確地指出，對於普遍共識的期望內建於任何對話之中，而若沒有這樣的期望，溝通根本無從發生；不過，他沒有說清楚的是，假若人們之所以相信共識能夠在理想情境下得出，是因為有著一個「獨一無二的真理」等著被發現並獲得眾人同意，那麼，在任何溝通行動裡，還「內建」著另一個東西：認為所有其他對談者及其所持有與表達的各種觀點乃屬多餘的傾向，因為當中只有一個是真實的。在 *Abschied vom Prinzipiellen* (Philipp Reclam, 1991)，馬瓜德指出，在這樣的詮釋下，「不受扭曲的溝通」的理想像是獨我論（solipsism）在死後的復仇……

立即著手剝奪他們針對此判決提出上訴的能力，比起試圖興訟，把自己的訴訟主張暴露在交互詰問之中，因而冒著會被駁回或推翻的風險，還要來得安全許多。

取消對手進行真理辯論資格的權宜之計，最常被較強勢的一方運用；並不是因為它較邪惡，而是因為它的資源較豐富。我們可以說，忽略對手以及搗上耳朵不聽他們提出之訴訟的能力，是可以量度資源的相對多寡與能力的指標。反過來說，未能堅拒參與辯論，以及同意協商真理，則往往會被當成一種弱勢的表徵——這樣的情勢會使得較強勢的一方（或是希望展現自己之優勢者）更加不願意承認對方的辯論資格。

對羅森茨韋格「說話思考」模式的拒絕本身，有著自我延續與自我增強的動力。就較強勢的一方來看，拒絕談話或許被認為是一種「有理」的象徵，但是對另一方而言，伴隨著這種拒絕而來的對其辯護自己訴訟之權利的否定，以及藉此拒絕認可他被聽見與被嚴肅看待為擁有人權者的權利，是最大的怠慢與屈辱——這樣的冒犯如果平靜接受的話，就必然會失去身為人類的尊嚴……

屈辱是一種有力的武器；此外，它也是迴力鏢似的武器。它或許可以用來展現或證明施辱者與受辱者之間無法調解的根本不平等；但是，與這樣的意圖相反，它實際上證明且證實（化）了他們的對稱、相同與平等。

然而，伴隨著每次的拒絕對談而來的屈辱，並不是讓這拒絕自我延續的唯一原因。單邊的全球化，使得我們的地球正快速變成邊疆之地，[41] 在此，想要征服對手、使之去權、使其無能的嘗試一再上演，而它們也往往會達成預定的效果，雖然其結果遠超過加害者的預期，或因此也遠超過他們喜歡的程度。非洲、亞洲或拉丁美洲的大部分地方，都覆蓋著過去去權運動的持久痕跡：也就是大量的**在地**邊疆、副作用或廢棄物，這些都是得益於**全球**邊疆境況的勢力所必須承受的惡，然而也是它們不得不播種與繁殖的。

去權行動的「成功」，端視對手的殺傷力是否全無復原希望──權威結構被解散，社會紐帶被撕裂，慣常的生計來源被摧毀、無法再運作（採用流行的政治說法，被如此肆虐過的領土稱為「弱國」〔weak state〕，雖然無論如何限定其定義，在這裡要使用「國」這個字，只能是在德希達所說的暫用〔sous rature〕[譯4]方式下）。若是有高科技軍械庫的支持，文字往往會變成血肉，且因此抹除掉自己的需要與目的。在在地的邊疆上，已經沒有人可以對談了──證明完畢。

41　請參閱我的著作，'Living and dying in the planetary frontier-land', in *Society under Siege* (Polity, 2002)。

譯4　原意為「寫下後再抹去」，德希達藉此來表示當我們不得不用詞語來溝通，卻又找不到或根本沒有適當的詞語時，只能勉強暫用一個最接近但又不能完全表達、甚至可能誤導的詞語來充數。

在一個愛爾蘭笑話裡，有個路人被一個司機問到「從這裡要如何去都柏林」時，回答道：「如果我想要去都柏林的話，我不會從這裡出發。」

　　的確，我們可以輕易想像一個比我們今日正好居住的世界（在領土／民族／國家三位一體時代終點的世界）還要更適合邁向康德之「人類統一」的世界。但這樣的替代世界並不存在，所以沒有其他地點可以開始這趟旅程。然而，不開始這趟旅程，或是不立即出發，都是——在這件事上無庸置疑——**不可能**的。

　　康德所提出的人類種族大融合，或許正如他所指出的，呼應大自然的意向——但它卻必定不是「由歷史決定的」。已屬全球性的相互依存網路，以及「相互保證的脆弱性」（mutually assured vulnerability），這兩者持續的不可控制性必定不會提高這種融合的機會。然而這只意味著，熱切追求共同人性，以及伴隨這種假定而來的實踐，在任何其他時間點都不如現在急迫而必要。

　　在全球化的年代裡，共享人性的理想與政治，正面臨著它們在其久遠歷史中所踏出之許多重大腳步裡最為重大的一步。

國家圖書館出版品預行編目資料

液態之愛：論人際紐帶的脆弱 / 齊格蒙・包曼（Zygmunt Bauman）著；何定照、高瑟濡 譯. -- 二版. -- 臺北市：商周出版，城邦文化事業股份有限公司出版：英屬蓋曼群島商家庭傳媒股份有限公司城邦分公司發行, 2025.05
304面；14.8×21公分. --（DISCOURSE；26）
譯自：Liquid Love：On the Frailty of Human Bonds
ISBN 978-626-390-527-3（平裝）

1. CST: 社會互動　2. CST: 人際關係
541.672　　　　　　　　　　　　　　　　　114004790

線上版讀者回函卡

液態之愛：論人際紐帶的脆弱

原 著 書 名	/ Liquid Love：On the Frailty of Human Bonds
作　　　　者	/ 齊格蒙・包曼（Zygmunt Bauman）
譯　　　　者	/ 何定照、高瑟濡
責 任 編 輯	/ 李尙遠（初版）、林瑾俐（二版）
版　　　　權	/ 吳亭儀、游晨瑋
行 銷 業 務	/ 林詩富、周丹蘋
總　編　輯	/ 楊如玉
總　經　理	/ 彭之琬
事業群總經理	/ 黃淑貞
發　行　人	/ 何飛鵬
法 律 顧 問	/ 元禾法律事務所　王子文律師
出　　　　版	/ 商周出版
	城邦文化事業股份有限公司
	台北市南港區昆陽街16號4樓
	電話：(02) 2500-7008　傳眞：(02) 2500-7579
	E-mail：bwp.service@cite.com.tw
發　　　　行	/ 英屬蓋曼群島商家庭傳媒股份有限公司城邦分公司
	台北市南港區昆陽街16號8樓
	書虫客服服務專線：(02) 2500-7718・(02) 2500-7719
	24小時傳眞服務：(02) 2500-1990・(02) 2500-1991
	服務時間：週一至週五 09:30-12:00・13:30-17:00
	劃撥帳號：19863813　戶名：書虫股份有限公司
	讀者服務信箱 E-mail：service@readingclub.com.tw
	城邦讀書花園　網址：www.cite.com.tw
香港發行所	/ 城邦（香港）出版集團有限公司
	香港九龍土瓜灣土瓜灣道86號順聯工業大廈6樓A室
	電話：(852) 2508-6231　傳眞：(852) 2578-9337
	E-mail：hkcite@biznetvigator.com
馬新發行所	/ 城邦（馬新）出版集團 Cité (M) Sdn. Bhd.
	41, Jalan Radin Anum, Bandar Baru Sri Petaling,
	57000 Kuala Lumpur, Malaysia
	電話：(603) 9057-8822　傳眞：(603) 9057-6622
封 面 設 計	/ 兒日設計
內 文 排 版	/ 新鑫電腦排版工作室
印　　　　刷	/ 高典印刷有限公司
經　銷　商	/ 聯合發行股份有限公司
	電話：(02) 2917-8022　傳眞：(02) 2911-0053
	地址：231 新北市新店區寶橋路235巷6弄6號2樓

■2007年11月初版
■2025年05月二版
定價 380 元

Printed in Taiwan
城邦讀書花園
www.cite.com.tw

本著作翻譯自 "Liquid Love" (1st Edition) by Zygmunt Bauman, published in 2003 by Polity Press Ltd.
Copyright © Zygmunt Bauman, 2003
The right of Zygmunt Bauman to be identified as Author of this Work has been asserted in accordance with the UK Copyright, Designs and Patents Act 1988.
Complex Chinese translation copyright © 2007 by Business Weekly Publications, a division of Cité Publishing Ltd.
This edition is published by arrangement with Polity Press Ltd., Cambridge.
All rights reserved.

著作權所有，翻印必究

ISBN　978-626-390-527-3
EISBN　978-626-390-529-0（EPUB）